AF452934

Beroalde de la

Fœlicité humaine, Traduict
de Latin en Françoys,
par Caluy de la Fon-
taine, Parisien.

Auec priuilege du Roy
pour cinq ans.

1 5 4 3.

A PARIS.

De l'Imprimerie de Denys Ianot, Imprimeur
du Roy en langue Françoyse.

On les vend au Palays, en la gallerie par ou
on va à la chancellerie, es bouticques de Iehan
Longis & Vincent Sertenas libraires.

IL eſt permis par lettres patentes du Roy noſtre ſire, à Denys Ianot Imprimeur en langue Françoyſe dudit Seigneur, imprimer ce preſẽt liure, intitulé Beroalde de la Fœlicité humaine, & deffẽſes faites par ledit Seigneur à tous libraires & Imprimeurs & aultres de ce royaulme, n'imprimer ou faire imprimer ledit liure iuſques à cinq ans finis & incluz, cõmençãt du iour que ledit liure ſera acheué d'imprimer, ſur les peines de cõfiſcation des liures par eulx imprimez, & d'amende arbitraire & aultres peines, comme plus à plain eſt contenu en ces lettres de priuilege, données à Paris le xii. iour d'Apuril, mil cinq cẽs quarante troys. Signées ſur le reply, de par le Roy, Bayard: Et ſeéllé ſur double queue du grand ſeél dudit Seigneur.

Et fut acheué d'imprimer cedit liure le xii. iour de Iuing mil cinq cens quarante trois.

Au

'Au lecteur Salut.

PVys que fœlicité est le plus grand
bien de ce môde, & que tous vni-
uersellement la cherchent & de-
sirent, ie m'esmerueille qu'entre
tant de precieulx & riches œuures s'en
trouue si peu, qui nous monstre & en-
seigne le moyen & voye d'y paruenir,
affin d'acquerir ce cælestiel tiltre de
bien heureux. Cela(lecteur)m'a prouo-
qué à traduire en nostre langue ce petit œuure, intitulé BEROALDE de la
fœlicité humaine, pour radresser en leur
droict & vray chemin vne infinité de
gens foruoyez, lesquelz(ou aueuglez de
ignorāce, ou nez à leurs cōcupiscēces)
d'autant qu'ilz pensent estre prochains

A ii   de

de fœlicité, d'autant en sont eslongnez,
plus s'efforcent la retenir, plus elle leur
eschappe, brief plus s'auancé a l'aborder, plus s'en reculent: car ilz la veulent
trouuer, & la situent les vns en plaisirs
& voluptez, les aultres en richesses, les
vns es regnes, dignitez, & superintendences, les aultres en ociosité & toutes
mondanitez. Mais tous ceulx la s'abu-
sent, tellement que de ceste maniere
de gens (que nous estimons tant heureux) il n'y en à, voire iusques à vn, qui
le soit: mais plustost seroiét tous plains
de malheur. Or pour entrer au droict
chemin de fœlicité, il fault suyure la bel
le sente de ce petit œuure, ie dys petit:
mais (tant pour le fruict & bien enclos
en iceluy, que pour la reuerance & ex-
cellence de son ouurier scientifique le
vertueulx, saige, & erudit BEROAL-
DE) meritant la premiere place, gran-
deur & haultesse sur maintz grands liures & copieux volumes, ainsi que les
petites pierres precieuses sont à preferer sur les pesantes roches, & lourdes
meulles de moulin. Ie te supplie lecteur,
en vouloir accepter gracieusement la
dedica-

dedication que ie t'en faiz, & n'auoir
esgard au langaige, parauãture, mal li-
mé & poly (le soubzmetãt au cler tranchant de ton doulx & vsité rabot) mais
au bon & frãc zele, dont l'offre t'en est
faite auec priere au seul Seigneur vni-
uersel, que (de grace) apres ton cours en
ceste fœlicité humaine luy plaise (lecteur) t'octroyer la cœlestielle.

Suffire ou rien.

A iij　　　Au

Au detracteur.

NE viens point icy rabaster
Ne baster,
Esprit maling satirique,
N'y metz le croc de ta dent
Trop mordent,
Au moins cil qui poingt & picque:
Car de rien ne luy vauldroit,
Qui vouldroit
D'une dent ronger vng aultre:
Il fault auoir de la chair,
Et mascher,
Qui veult saouller la faim nostre
Allez doncq ailleurs chercher
Que trancher,
Pour passer vostre appetit,
Icy n'ya que manger,
Ne ronger,
Le liure est par trop petit.

Martial.
Quid détem dente
iuuabit rodere?

Carne opus est, si
satur esse velis.

De la

De la Fœlicité humaine.

L A chose au monde la plus grande (par tout) à toutes heures, & de
tous la plus requife & fouhaictée,
c'eft fœlicité. La afpirét tous noz
veulx, la font atachez tous noz defirs, la
eft la fin de noz fouhaictz, & la fomme
de noz attétes : car qui a Fœlicité, rien
ne luy deffault, mais eft remply en parfection de tous biens . Il f'en trouue af-
fez qui ne defirent point eftre Roys,
Ducz, & grands feigneurs : mais il n'y
en a pas iufques à vn, qui ne defire e-
ftre bié heureux, & auoir fœlicité: pource qu'en elle fe trouue l'acompliffemét
& côble de tout le bien, que l'on pourroit attendre & demander.

A iiii   Or

Or pource qu'encores gist en difficulté en quoy, en qui, & ou cõsiste ceste
fœlicité, nous en traicterons , & en dis-
cuterõs en ce petit œuure succintemẽt,
& à la verité selon l'opiniõ des sainctz
docteurs, des diuins philosophes, & des
plus aprouuez & certains autheurs.
Mais premierement nous diffinirons
que c'est de fœlicité: car par la fin & diffinition des choses , elles en sont beaucoup plus cleres & entẽdibles. Fœlicité dõcques (dit sainct A V G V S T I N au
v. de la cité de dieu) est le cõble de toutes choses que l'on pourroit souhaiter,
Ou (ce dit B O E C E au tiers de consola-
tion, c'est l'estat parfait de la congrega-
tion, & amas de tous biens . Ou (ce dit
A R I S T O T E au premier des Aetiques)
c'est la fin & arrest de toutes atten-
tes & desirs. Brief, c'est auoir l'accom-
plissemẽt de tous ses souhaitz , en effect
voyla que c'est que Fœlicité.   Mais ou
elle consiste, ne conuient, on la trouué.
Le cõmun populaire, les sçauãs, les docteurs, ny mesmes les philosophes, n'en
ont esté iamais de semblable oppinion, ny d'un mesmes accord : Car dis-

putans

Diffinition de fœ-
licité

putans de la fin & mette du bien & du
mal, en ont iecté diuerses & contraires
sentences.

Les Epicuriens tiennent que la Fœlicité humaine, c’est plaisir & volupté.
Les Stoiciens maintiennent que c’est
honneur. IEROSME dit que c’est va-
cuité, c’est à dire relasche & cesse côti-
nuelle de trauail & labeur, ou indoléce
que les Grecz appellent Analgisie, qui
est, estre sans peine & douleur. CAR-
NEADE LACADEMIEN estime
qu’elle consiste es premiers dons de
nature, comme santé, force, beaulté, &
aultres dons naturelz. DINOMACHE
& CALIPHO disent que c’est volupté
meslée auec honneur. DIODORE sou-
stient

Ou consiste Fœli-
cité.

ſtient que c'eſt honneur conioinct auec
Indolence. Les vns croyét qu'elle con-
ſiſte en gloire & hőneur, les aultres en
richeſſes, les vns en puiſſance, regnes &
empires, les autres en repos: & pluſieurs
de ſain & clair iugemét l'ont iugée e-
ſtre en la ruſticité, & vie ruralle & chã-
peſtre. Mais les Academiens imitateurs de P L A T O N & les Peripateticiés
ſectateurs D'A R I S T O T E les plus re-
nommez & certains, de tous les Philoſophes ont baillé trois ſortes & manieres de biens, deſquelz (acumulez en vn
& enſembléement cymentez) ſ'accőplit
& parfait ceſte fœlicité. Les premiers
ce ſont les biés de l'ame, cőme les vertuz. Les ſecődz ce ſőt les biés du corps,
cőme ſanté, force & beaulté. Les tiers ce
ſont les biés de fortune, cőme richeſſes,
dominations & dignitez. Or voyons
maintenant leſquelz de ces biens ſont
les meilleurs, plus nobles & deſirables
pour paruenir à ce threſor de fœlicité.

Selon l'eſcript Euangelique, il eſt treſ-
certain que le treſgrand bien & parfaite fœlicité, c'eſt la vie & gloire eternel-
le: & au contraire, le plus grand mal &
malheur

malheur, c'est la mort perpetuelle.

Mais icy nous n'entendons parler de l'incōprehenſible fœlicité cæleſte: mais de l'humaine tāt ſeulemēt, qui eſt tou-teſſoys (dit ARISTOTE) vn don de Dieu, ou tous mortelz deſirēt paruenir par diuerſes voyes & chemins diſſemblables. Et combien qu'il y ayt diſcordances de iugemens, neantmoins ilz ſ'accordent tous vnyment à ioindre, & abutter le pied & but de fœlicité. Or venons à l'une de ces opinions.

Fœlicité humaine don de Dieu.

Aſcauoir ſi Volupté, & plaiſance eſt le treſgrand bien & fœlicité.

Ariſtippe

ARISTIPPE ſource de la ſecte
Cyrenaique, eſtimoit que felicité
conſiſtoit en volupté, & les meſuroit &
eſgalloit l'une à l'aultre. De pareil aduis ſont & ſçauans & ignorans, & tre-
buſchent en ceſte obſcure voye ſaiges
& folz, grands & petits parauanture,
non ſans cauſe : car ſi ainſi eſt que la
choſe eſt bône, laquelle(dit ARISTO-
TE) tout le monde appette & deſire, &
que chaſcun ne demãde & cherche que
ſon plaiſir & volupté, il ſ'éſuyt ou ſemble que volupté (conſideré que chaſcun
la ſouhaite) ſoit le plus grand bien &
fœlicité de ce monde. EVDOXE (duquel LVCAN a fait mention, philoſophe & aſtrologue treſexpert du natal
Platonien, eſtimoit que ceſte fœlicité
n'eſtoit autre choſe que volupté, pource
qu'il la veoit de tous tant raiſonnables
que deſraiſonnables, affectée & deſirée.
Les raiſons duquel philoſophe pour-
roiēt ſēbler dignes de foy, pour la mo-
deſtie & continēce de ce perſonnaige,
qui ne parloit ainſi de volupté pour en
eſtre amy ne deſireux: mais pource que
la verite & les choſes eſtoient telles.Ce

qu'il

qu'il monstroit euidemmét par exemple: car(disoit il)s'il est certain(comme
il est tout vray)que des choses contrai- Des choses côtrai
res & differentes il s'enensuyt côtraire res,contraire con-
consequéce,il est tout cler que les dou- sequéce.
leurs & miseres(puys qu'elles sont de
tous fuyes & euitées)sôt le chef de malheur:& au côtraire,les voluptez & plai-
sances(puis qu'elles sôt de tous aymées
& de⸺es) doiuent estre estimées le
som⸺ de fœlicité & beatitude.
Cecy est deriué de la doctrine D'EPICV- Epicure Philoso-
RE philosophe voluptueux, disant que phe voluptueux.
ceste félicité consistoit en volupté:le-
quel (pour ceste cause) a quasi infinys
imitateurs, le dieu desquelz (dit Sainct
PAVL)est le ventre & l'appetit d'iceluy.
Au nombre des vrays Epicuriens est
mys à bon droict PHILOXENE, qui Pourquoy Philo-
prenoit si grand plaisir à boire & men- xene desiroit auoir
ger, qu'il desiroit auoir le col de grue, le col de grue.
affin de sentir plus longuement au aller
le vin & viande, & en auoir par tant
plus de plaisir & volupté.

Sarda-

Sardanapale Roy des Aſſiriẽs du tout dedié à ſon uentre,

Voulãt faire foy que volupté & plaiſance eſtoit le plus grand heur & bien de ce mõde, & que riẽ ne luy eſtoit demouré ſinõ ce qu'il auoit mégé, eſcripuit ces vers, qui furẽt mis apres ſa mort ſur ſon monumẽt en epitaphe: Puis qu'apres mort tous plaiſirs ſont oſtez,

Et que mourir fault toute creature,
Boy, menge, ioue, & prés de tous coſtez
Tes voluptez qui ſõt l'heur de nature.
Eſtant icy ſoubz terre en pourriture,
Ie qui fus Roy n'ay emporté ſinon
Ce qui me fut viande & norriture:
Car de mes faitz n'eſt plus bruiċt ne renom.

Pluſieurs Empereurs & Roys ont enſuiuy SARDANAPALE entre autres les

Epitaphe de Sardanapale de mauluaiſe doċtrine.

tres les Empereurs VITELLIAN, GALIEN, HELIOGABALE, TI. CESAR qui instítua vn nouuel office de plaisirs & voluptez, aquoy il estoit tant adonné, qu'il consummoit le plus souuent deux iours & deux nuictz en toute lubricité, sans cesser de boire & gourmander, tellemēt que pour estre si grand beuueur, au lieu de TIBERE il fut surnommé BIBERE, au lieu de NERON MERVN, qui signifie le vin mesmes. Semblablemēt XERXES Roy de Perse dōnoit gros gaiges & prys aux imitateurs de nouuelles plaisances & voluptez. Mais quel besoing de particulariser infiniz exēples à ce propos? Il n'ya nation, peuple, ny gens, qui ne soient enclins à volupté, qui ne la cherchent, & qui ne la vuellent auoir, cōme l'estimās le tresgrād heur & fœlicité de ce mōde. Les Milesiēs (ētre autres peuples) tāt estoiēt voluptueux, & adōnez à leurs plaisances, que iamais ilz ne souffroiēt demourer vn hōme vertueux & modeste en leur cité: de laquelle ilz expulserēt le preud'hōme HERMODORE, pource que tout seul parmy eulx il fut trouué

pour ſa preudhó-
mie.

Sibarites ennemys
de Vertu.

Tarentins pour-
quoy ainſi appel-
lez.

trouué homme chaſte & de bonne vie,
deſpriſát du tout leurs delices & voluptez, eſquelles ilz furent ſi enclins, que
entre les Grecz meſmes en ARISTOPHA-
NE eſt ſorty ce commun prouerbe des
Mileſiens : Les Mileſiens iadis furent fortz, comme ſ'il vouloit dire: Par
luxure & laſciuité ilz ont perdu toute
leur force. Les Cibarites en Italie auſ-
quelz(dit QVINTILIAN au troyſieſ-
me) vertu & preudhommie eſtoit en
haine & malueillance, tant eſtoiét ſub-
mergez en plaiſirs , tant embraſſoient
volupté comme vne deeſſe , que en ſoi-
xante & dix iours ilz furent du tout de-
ſtruictz par les Crotoniens. HELYE
Lambridien racópte que ceſte année de
la deſtructió des Sibarites, il trouua v-
ne ſorte de viande (appellée preſent ou
doñ Sibarié)faite d'huille, & de la ſaul-
ſe de lye ou le poiſſon à lóguemét trépé
de laquelle viáde en fut à HELIOGA-
BALE premier fait dó & preſét.Les Ta-
rétins ainſi nómez ſeló M. VARRO PER-
SE , & PLVTARQVE,pour auoir eſté molz
& delicatz ſur tous: Car Taréte en langue Sabine dit MARROBE v tiers des
Saturnal-

Saturnalles, ſignifie mol & laſcif)furent
ſi adōnez à volupté, qu'ilz paſſoiēt quaſi toute l'ānée, teſmoingz STRABO &
PLVTARQVE, ſans faire aulcū fruict
en feries, feſtins, ieux, dances, & autres
voluptez diſſolues & illicites. Ie pourroys alleguer innumerables hiſtoires
de telle vie d'hōmes voluptueux, qui ōt
eſtimé la volupté eſtre la vraie fœlicité
de ce monde, & l'ont mōſtré par effect.
Meſmes il ſemble que les philoſophes
ont eſté de pareille foy: car ilz ont eſſe-
ué volupté en riches tableaux aſſiſe en
chaire royalle, comme deeſſe, & entour
d'elle les vertuz ſur piedz, cōme ſes miniſtres & ſeruātes, prōptes & appareil-
lées d'accomplir ſes commandemens.
Or il cōuient entēdre qu'il ya pluſieurs
voluptez & de diuerſes ſortes: les vnes
honeſtes, les autres infames. La volupté
du Cheual eſt autre que du Chien, celle
de l'Aſne autre que de l'hōme: car l'appetit de l'Aſne (dit HERACLITE)
eſt plus es foings & feurres, qu'en l'or.

*Les vertuz paiſ-
ctes miniſtrantes
à Volupté.*

Pluſieurs voluptez

Dict d'Heraclite.

B   Que la

Que la fœlicité humaine, ne le grãd bien de ce mõde, ne consiste pas en uolupté & plaisance.

Aultre bié en l'hõ me que es bestes.

MAis certes il n'est pas conuenable ny honeste, que pareil bien soit es hõmes que es bestes brutes : car nature(dit l'orateur ARPINAS)nous a bien engẽdrez à plus haultes choses. Nous sommes nez(dit SENEQVE en ses questiõs)non pour le vin, non pour la viáde, non pour la bouche, nõ pour le vétre. ARISTOTE au septiesme des Aetiques prouue clairement que volupté n'est pas fœlicité : car les voluptez (dit il)empeschent prudence, & d'autãt qu'elles sont grandes d'autant plus offusquent

fufquét & obtenebrét. Ce qui eſt tout
apparent es Aphrodiſies, c'eſt à dire en
l'œuure charnel & venerié, ouquel l'hō
me eſtant, ſ'aliene de tout entédement
comme beſte. PLATON dieu des phi_
loſophes, pour monſtrer que ceſte fœli_
cité ne cōſiſte pas en volupté, dit ainſi:
Si à volupté eſt adiouſté vn autre plaiſir
elle en eſt plus deſirable, que ſi elle e-
ſtoit toute ſeule. Ce n'eſt donc pas le
treſgrād bien : car à icelluy on ne peult
rien adiouſter, pource qu'il eſt du tout
parfaict, & en toutes choſes & de toutes
partz conſommé & accomply. Dauantaige le treſgrand bien ne peult e-
ſtre conuerty en mal : il ne giſt donc
pas en volupté, de laquelle prouiénent
tant de maulx & angoiſſes, & qui eſt
touſiours accompaignée de triſteſſe ſa
ſeur. Ce que en Amphitrion PLAVTE
aprouue, diſant:

Quand

Quand volupté marche en compaignie
Les dieux ont voulu tout expres,
Que touſiours ſa ſeur & compaigne
Triſteſſe la ſuyue de pres.

Il ya aucunes voluptez que nous ca-
chons pour leur laydeur & infamie. Or
le biē ne ſe doit cacher: Parquoy ſi diſ-
cretemēt nous y penſons, noz voluptez
charnelles & corporelles ne peuuent e-
ſtre en rien la fœlicité & beatitude de
ce monde : car les maladies(dit ſainct
IHEROSME alencōtre de Iouinian)
ſ'engendrent par ſaturité & exceſſiue
repletion, & qui pis eſt,ſ'il aduient que
nous trebucheons à ieun es penſées &
concupiſcences ordes & ſalles, & nous
venons à les excecuter de fait abhomi-
nablement & malheureuſement, apres
que

que fõmes enfepueliz en vin & viãdes.
HIPOCRAS medecin trefexcellēt dit,
que les perfonnes graffes & repletes
font incontinent attainte de paralyfie
& autres maladies, dont mort foubdai-
ne f'en enfuyt, fi auffi toft n'y eft pourueu par feignée & euacuation de leur
fang. Ce qui fe prouue par les Athletes:
Athletes c'eftoiēt gens qui ancienne-
mēt tous nudz, & oĩgtz d'huille & gref
fe, f'exerçoient à la lutte, à la courfe, au
geçt de la pierre, de la barre, & autres
ieux de prys. Lefquelz Athletes (par ce
que leur vie & art n'eft que greffe) ne
peuuent (dit GALIEN treffaige inter
pretateur d'Hipocras) eftre lõguemēten
fanté, mais font de briefue vie, & ne
peult leur penfée enueloppée de viãdes
comprendre ne confiderer les haultes
chofes & fpirituelles: car le vêtre gras
(dit fainct IHEROSME) n'ẽgẽdre poĩ-
le cler efprit & facile entēdement. A.
SENEQVE treffeuere correcteur des
vices, quafi diuinemēt ainfi efcripuit à
lécõtre des voluptueux & gloutõs. Par
gourmandife & volupté (dit il) furuient
trẽblemēt aux nerfz, palleur au vifaige,

B iii   voire

voire plus miserable & ætique par exces que par faim, titubation de iambes,
châcellemēt d'alleure , effuſiō de mau-
uaiſes eaues & humeurs entre chair &
peau, agrandiſſemēt & eſtandue de vêtre pour auoir plus pris qu'il ne pouoit,
apparitiō de colere morne & blaffarde,
ſechereſſe de corps, cicatrices & vlceres
puātes , rēuerſeure & torture de doigtz
par roidiſſemēt des iointures forcées, e-
ſtonnemēt de nerfz, trēblement de mēbres couſtumel, trāchées du cerueau ar-
dantes & bruſlantes, & autres maladies
interieures , dont ceſte vie eſt chargée,
oultre tāt de ſortes de fiebures qui nous
ſuruiēnent par l'impetuoſité & eſmotiō
attractiué , les vnes des autres cauſées
par exces & corruption de nature & de
noz mēbres. Qui ſera, ie vous ſupplie,
le gourmād , ou ſe trouuera le voluptueux, qui maſchāt ces bōs aduertiſſemés
& ſaines parolles de ce ſainct perſonai-
ge, ne rougiſſe de toutes partz, & qui ne
ſe retire de l'ordure & boue de volupté mere de tant de maulx, & qui engē-
dre (dit CRITOLAVS Peripateticien,
iniures, ingratitudes, pareſſes, obliuiōs,
meſco-

mefcognoiſſances, ſouffretes, miſeres &
pauuretez : Pour ceſte raiſon le philo-
ſophe Antiſtene diſciple de Socrates,   Antiſtene parfait
diſoit qu'il aymeroit myeulx ſortir de   enneny de volupté
ſon ſens, & deuenir enraigé, que d'eſtre
ſubiect à volupté, de laquelle Horace
blaſmant le faulx loyer & guerdon, dit
ainſi:

O volupté poiſon treſdangereux,
Que ta preſence eſt aigre & rigoureuſe,   Horace.
Fuyez la donc : car ſa fin douloureuſe
N'eſt que tourment & que don mal-
    heureux.

Le poëte Silius au quinzieſme des   Silius.
punicques a introduict vertu, arguāt &
blaſmant volupté en ceſte ſorte:
    L'ire des dieux, des ennemys l'effort

Glaiues tranchans , ny coups de royde
  lance,
Ne nuyſent pas à l'homme ſi tresfort,
Comme tu faiz par laſche violence,
O volupté nourriſſe d'inſolence.
Car auſſi toſt qu'es cheut en la penſée
Auec luxure, ebrieté ſ'y lance,
Et lors tu rends la perſonne inſenſée.

Ariſtote.

ARISTOTE au tiers des Aetiques
appelle les voluptez de la bouche
& charnelles, beſtialitez, & brutalitez,
comme choſes qui n'appartiennēt qu'à
Boucz luxuriās , & Pourceaulx vétrus.

Le coit maniere
de hault mal.

HIPOCRAS dit le çoit charnel eſtre
vne maniere de hault mal, aultrement
nommée Epilepſie, vulgairemēt le mal
ſainct IEHAN. DEMOCRIT dampne
& abhomine ceſt œuure venerien,
pource (dit il) qu'en iceluy l'homme ſe
tranſforme en beſte: de la eſt venu que
les Grecz appellent ceulx y dediez,
incontinēs & intemperez. Pareillemēt
le Philoſophe SOCRATES blaſmant
ceulx qui ſemblēt n'eſtre nez qu'à volupté pour boyre & māger, leur remon-
ſtre & dit: Nous ne viuōs pas pour boire &

Democrit.

Excellent dict de
Socrates.

ſe & mãger, mais nous beuuõs & man-
geons pour viure. Aux decretz cano-
niques, en la diſtinctiõ derniere de cõ-
ſecration, nous lyſons pluſieurs perſe-
cutez de diuerſes maladies, ayans (pour
recouurer guariſon) cõſommé tout leur
bien, partant cõtrainctz & reduictz par
donner à leur bouche, & viure ſobre-
ment, eſtre retournez en leur premiere
ſanté par le moyẽ de ceſte ſobrieté : car
la ſuperfluité & abondance de viandes
(dit C R I S O S T O M E) engẽdre les maladies, mauluaiſes humeurs, & putrefa-
ction au corps. A R C H I T A S philoſophe, diſoit que nature n'auoit point
dõné a homme peſte plus capitalle que
volupté, laquelle le diuin P L A T O N ap
pelle Amorſe, & attrayement de tous
maulx: car ainſi que l'amorſe atachée à
l'hameſſon, attire à ſoy les poyſſons, leſquelz (péſans la prendre) ſ'y preignent.
Ainſi volupté diſſimulant & cachant
ſon venin ſoubz ie ne ſçay quel miel, a-
traict à ſoy les ames aſpres à la proye,
les infectes, puis (ſans mercy) les perd
& deuore miſerablement. Diſoit dauantaige P L A T O N meſmes qu'il n'y a

choſe

chofe au monde qui face plus aprocher
les hommes de la nature & condition
des beftes brutes que les lubriques voluptez, qui caufent bien fouuết (dit Ar-
chitas) l'euerfion des republiques, la pro
dition & trahyfon du pays, les deuis &
propos clandeftins auec les ennemys,
& brief, qui incitent à entreprendre &
commettre tous maulx & mefchance-
tez, tant foyent dampnables & execra-
bles. Or il eft tout apparent par ces
propos præditz, que les voluptueux &
gếs pleins de leur plaifance ne font en
rien heureux, & qu'en volupté ne gift
pas cefte fœlicité. Venons donc à
ceulx qui la cherchết en aultre & meil-
leur endroit.

A fcauoir fi cefte Fœlicité confifte en gloire & hon-
neur.

O que

O que trop plus honeſte & louable
eſt l'oppinion de ceulx, qui croyent la
fœlicité humaine eſtre ſituée en gloire
& honneur. Telz ont eſté(dit Ivve-
nal) les treshaulx Empereurs Romains, Grecz & Barbares, qui cõtemp-
nãs toutes voluptez, ont iours & nuictz
veillé, trauaillé, ſouffert, ſué aux trauaulx
militaires & labeurs martiaulx, ſeulement affin de viure & mourir pleins de
gloire & louãges: dont ſur tous les Romains eſtoient (dit Salvste) ſi treſ-
ardens, & l'aymoient tant (dit Sainct
Agvstin) que tout leur intention &
effect ne tendoit ailleurs qu'à la gloire,
pour l'amour de laquelle ilz ont voulu
viure & mourir ſans auoir crainte de
feu, de flamme, de tous dãgers, ny de la
　　　　　　　　　　　mort

Iuuenal,

Saluſte.

Sainct Auguſtin.

mort mesmes. Entre aultres les Scipiõs,
Les Cæfars, les Marcelz, les Affricans,
ont eſté ſtimulez & enflammez à en-
treprédre d'un couraige inuincible les
ardues & difficiles choſes, ſeulement
par l'aiguillon de gloire: Laquelle ſeulle (dit VALERE FLACCE) bruſle les
cueurs & péſées, & qui eſt, dit SILIVS,
le brandon & flambeau de la penſée
honeſte, non ſeulement, dit HORA-
CE, des gens nobles & de claire lignée:
mais auſſi bié de baſſe & obſcure raſſe.

Les hiſtoriens eſcripuent que TE MI-
STOCLES Lathenien ſe pourmenoit
ſouuét la nuict par les marchez, & lieux
publiques d'Athenes, & à ceulx l'inter-
rogans de la cauſe de ſon veiller à telle
heure, il reſpondoit, que la gloire & tro-
phée de MILCIAS l'engardoient de
dormir. DEMOSTENES prince des
orateurs Grecz, ſe reſiouyſt grandemét
en oyant vn petit bruict de gloire, qu'il
entendit en ſon chemin, luy eſtre atri-
buée par vne pauure vieille, laquelle
dit tout baſſement à vne aultre ſa compaigne, toutes deux venãs de la fontai-
ne, & portans de l'eaue: Voy tu ceſtuy
la, c'eſt

la, c'eſt DEMOSTENES, nõ ſans cauſe il print telle reſioyſſance: car les hõmes, dit SILIVS, ſont nez à la gloire, &
ſommes tous, dit CICERO, attirez de
ſon amour & conduictz ſoubz ſon æſle.
C'eſt pourquoy CICERO enſeigne les
princes deuoir eſtre alimentez en gloire, qui eſt leur propre & vraye nourri-
rure, à laquelle meſmes tout hõme bon
& vertueux aſpire: car vertu ne demãde aultre recompẽſe de ſes labeurs, que
le loyer de gloire & louange. ALE-
XANDRE ſurnommé le grand, pour
ſes geſtes euſt tant de ſoif,& fut ſi inſatiable de gloire,qu'en oyant ANAXA-
GORAS reciter y auoir pluſieurs mõ-
des (ſelon l'opinon de ſon precepteur
DEMOCRIT) O moy miſerable,dit il,
qui n'ay ſceu encores conqueſter qu'un
ſeul monde, qui luy eſtoit, dit SENE-
QVE, trop eſtroict & petit, dont ſont
yſſuz ces vers à ſa louange:

Alexan-

Alexandre est au monde grand,
Ce monde luy est trop petit,
Dont dueil va son cueur penetrant,
Tant il a de gloire appetit.

Ce mesmes ALEXANDRE s'arre-
stant en Sigée sur le tombeau d'Achi-
les, O heureux adolescẽt, disoit il, d'a-
uoir trouué pour trompette & clairon
de ta vertu le grãd Homere, qui par ses
diuins carmes te fait reluyre en gloire
perpetuelle, & a creu & augmenté, dit
Silius, ta proesse & Cheualerie.

IVLES CESAR contẽplant en vne
paincture au temple d'Hercules en Es-
paigne (dit Plutarque) les gestes d'Ale-
xande, esmeu de gloire, & pleurant &
regretant, blasma sa paresse & pusilla-
nimité, n'ayãt fait encores chose digne
de me-

de memoyre en l'aage auquel Alexandre auoit ia subiugué tout le monde.

HANNIBAL tresilluftre Empereur
des Carthaginiens, comme eft efcript
en Silius, apres fa victoire des Romains
en la bataille de Cannes parlant à fes
Cheualiers & genfdarmes, il me fuffit,
difoit il, pour toute recompenfe & def-
pouille de la victoire, d'é auoir la gloire
& hôneur, qui eft le vray loyer & guerdon de la guerre, & des armes, le refte
foit entre vous butiné & departy.

Quoy plus? Non feulement les chefz
& côducteurs de la chofe militaire, nou
feulement les adminiftrateurs de la republique appetēt & embraffent la gloire: mais quafi tous autheurs poëtes, o-
rateurs, & hiftoriens la demãdent, & la
veulēt auoir pour toute retribution de
leurs œuures & efcriptz. Mefmes les
philofophes qui ont efcript du côtemp-
nement de la gloire, la defirēt d'auoir:
& à cefte fin mettēt leurs noms au tiltre de leurs liures, & veulent eftre veuz
& leuz en la premiere paige d'iceulx.

Il n'eft pas iufques aux ouuriers &
artifans, qui ne foyēt efmeuz & prouo-
quez

Hannibal.

Gloire loyer des
armes.

Les philofophes
contépneurs, neãt-
moîs amateurs de
gloire.

quez à la gloire, & en veulent estre en-
nobliz. PHIDIAS tresexcellent tail-
leur d'ymages, ayant fait vne tressin-
guliere & incomparable effigie ou statue de Minerue, & ne luy estant(comme estoit de coustume) permis d'y in-
scripre son nom, craignãt par ce moyen
de perdre la gloire & louange de tel &
si parfait ouuraige, ioignit & meit sa
semblance ou bouclier de la statue de
Minerue, par tel artifice & subtilité, que
si on l'arrachoit & ostoit, tout l'ouuraige semblablemēt se deslyoit & dissoul-
doit. SAVRE & BATRACHE cõstrui-
rēt des temples tressumptueulx & ma-
gnifiques en Octauie, en espoir d'y estre
inscriptz. Ce que leur estant denyé, neantmoins par aultre moyen y vsurpent
l'inscription de leurs noms, & ne per-
dirent point la gloire de si triumphans
edifices: car aux sómetz & chapiteaulx
des pilliers & coulonnes d'iceulx temples, ilz mirent la semblance d'une Lezarde & d'une grenoille, qui estoit l'ar-
gument & signification d'eulx & de
leur ouuraige : car Sauré, en Grec, est
vne Lezarde, & Batrache vne Grenoille.

le. Certes aux penſées des hõmes tant
eſt ancrée l'affectiõ & cupidité de gloire, que pluſieurs l'ont voulu auoir, &
donner cognoiſſance d'eulx par vices
& meſchancetez, ce qu'ilz ne pouoient
faire par bõté & vertu. Au nombre deſquelz eſt à bon droit mis Heroſtrate
tant mentionné en Gelle, Solin, Valere
& aultres hiſtoriés: car il bruſla le temple de Diane en Epheſe (ediffice pour
ſa parfection & magnificence colloqué
au reng des ſept merueilles & ſpecta-
bles du monde) affin que tel chef d'œuure ars & conſommé, ſon nom fut reſ-
pandu & diuulgué par toute la terre.
Pour lequel crime les Epheſiens feirẽt
publier à l'ecõtre d'Heroſtrate, que aul-
cunemẽt ne fut fait bruict ne tenu propos de luy, comme malheureux & indi-
gne de toute gloire & renõmée. Mais
ce a eſté en vain: car iuſques à auiour-
d'huy ſon nom eſt par tout manifeſté,
& dure encores ſa renõmée, qui eſtoit
tout ſon deſir. On pourroit imputer à
Manlie Capitolin, qu'il auroit eſté imi-
tateur d'Heroſtrate, à tout le moins de
parolle : car il diſoit qu'il aymoit mi-

Exemple d'Hero-
ſtraté.

Manlie Capitolin.

C   eulx

eulx, dit Titeliue, auoir grande renom-
mée que bonne. En quoy Heroftrate a-
uoit mys toute fon entente, voulant acquerir gloire plus par infamie que pour
honneur, qui doit fuyure la memoyre
de noz faitz.

Que la gloire n'eft pas la fin &
but de cefte Fœlicité.

Que ceft que gloi-
re.

MAis la Fœlicité humaine, ne le
trefgrand bien de ce monde, ne
fe trouue pas en gloire : car gloire n'eft
rien que vanité & fragilité, & qui en
vn moment fleftrit, & dechet comme
fouftenue & apuyée d'autruy, ce qu'il
ne fault croyre de Fœlicité : car à celuy
qui loue

qui loue & honore plus côfifte la gloire,qu'à celuy à qui elle eft donnée , at-
tendu que la gloire n'eft aultre chofe
que l'oppinion & bon fentement des
vertuz & preud'hommie d'autruy. D'a-
uantaige les philofophes, Sainct Augu-
ftin pareillemēt, difent que l'amour de
gloire & louange,eft vn vice trefardēt,
qui enfle , dıt Horace , & orgueillit les   Gloirevice bruflāt
perfonnes.O gloire,o gloire,f'efcrie So-
phocles,qu'es tu finon inflation d'au-
reilles ? Pour ces caufes le philofophe
Democrit abderite print en foy mef-   Democrit.
mes grand plaifir & exultation d'auoir
par plufieurs années demouré en A-
thenes,fans y auoir efté cogneu.Ie fuis,
difoit il, venu en Athenes , & n'a l'on
point fceu qui i'eftoys.   Ceftuy la, dit
Seneque, qui à vefcu eftant cogneu de
tous , meurt incogneu de foy mefmes: Horace.
parquoy celuy a bien & heureufement   Seneque.
vefcu , dit Horace,qui à paffé fes iours
loing de la cognoiffance du monde.

C ii   Afca-

'Ascauoir si en puissance, c'est à
dire es regnes, principaultez,
& superintendences, consiste la Fœlicité hu-
maine.

AVlcuns constituent ceste fœlicité,
en puissance, regnes, & grãdes dignitez Ceulx la ilz veulét regner, ou e-
stimét qu'estre prochain des Roys est vn
tresgrãd heur. Sãs doubte aussi, dit Titeliue, regner est vne chose tresbelle entre les dieux & les hõmes: car les Roys
font dieux terriens . Ce que disoit A-
thanaric Roy des Gotz, lequel(apres a-
liãce cõtractée auec l'Empereur Theodose)

Roys sont dieux
terriens.
Athanaric &
Theodose.

dose)vint en Constantinople esmeu de
veoir la ville,en laquelle entré & beni-
gnement receu de l'Empereur, voyant
la beaulté & sumptueulz ediffices d'i-
celle,contemplant l'abondante multitude du peuple, & estant de retour au
Palays imperial, s'esmerueillàt du gràd
nombre des officiers,de la magnificence & diuersité de l'appareil & seruice,
sans doubte, dit il lors, l'Empereur est
vn dieu terrien . Au liure d'Esdras est
escript:Si le Roy commande,& dit:Ex-
terminez,arrachez,semez,plantez.Cela
est tout aussi tost fait : car toutes choses
obeissent à la maiesté du Roy.

Ivles Cæsart souloit dire:S'il fault
rompre les droictz,& violer les loix , il
fault que ce soit pour le commander &
regner. Ce mesmes Cæsar passant vn
trespetit villaige es Alpes , & y seiour-
nant,ses plus familiers luy demanderét
si en ce lieu y auoit aulcune sedition &
debat de l'Empire & principaulté de
Rome.Adonc,il leur respondit: l'ayme
myeulx estre icy le premier,qu'à Rome
le second.Aussi n'ya il chose plus doul-
ce & plaisante, dit Papine Stace , que

C iii   d'estre

Esdras.

Tout obeit au roy

l'ayme myeulx e-
stre icy premier,
qu'àRome secód.

d'eſtre au premier lieu. Ceſte ſentence
enſuyt en Seneque Polunxes, diſant: Ie
ſuis content d'abandonner au feu & à
la flamme mes dieux, mon pays, & ma
femme, & que ie ſoys roy.

Que ceſte Fœlicité ne giſt pas en puiſſance, regnes & princi-paultez ſuſdites.

MAis il y a beaucoup d'éſeigne-
mens qui nous aſſeurent ceſte
Fœlicité n'eſtre point es empires, regnes, & regences. Et
pour le premier, Regne, dit Dyō de Pru
ſe, eſt vne choſe difficile, laborieuſe, plei
ne de ſoing & cure, réplye d'affaires, leſ
quelz incōueniēs tourmētent ſouuēteſ-
fois les princes, & roys meſmes qui ſont
touſiours en crainte & doubtance: car
il eſt de neceſſité que celuy doubte &
craigne pluſieurs, que pluſieurs doubtēt
& craignēt. Et ceſte crainte receue vne
foys tant ſeulemēt la Fœlicité ne peult
eſtre ferme & certaine: Pource que touſiours, diſent les philoſophes, danger
vient auec la crainte. Doncques ſ'enſuyt

suyt que la Fœlicité que nous cherchõs
ne se trouue point es empires & regnes,
cõme subiectz à toutes heures à crainte
& peril. Et d'auantaige, dit Seneque, le
createur à mys & ioinctz ensemble regne & hayne cõme vrays compaignõs,
& qui ne vont iamais l'un sans l'aultre.

À ce propos Adhere vn tressaige roy,
auquel la couronne royalle ayant esté
baillée, auant que la poser sur sa teste,
fut longuement à contempler & consi-
derer. En fin:O coronne(dit il)trop plus
riche que bõne,moins heureuse que no
ble , certes qui biẽ cognoistroit de toutes pars,& iusques au fons de cõbien de
solicitudes , perilz, miseres & trauaulx,
tu es circuyte & enuirõnée,il ne te dai-
gneroit releuer ne recueillir de terrre.

LE Roy DENYS de Syracuſe e-
ſtoit de meſmes iugement, duquel & de ſon orateur Damocles
hiſtoire eſt telle : Damocles ſou-
ſtenant en ſa harangue & oraiſon que
iamais homme ne fut plus heureux que
ce Roy DENYS pour ſes innumerables
richeſſes, & fertilité de ſon royaulme
en tous biens. O DAMOCLES (dit a-
doncq le Roy DENYS) puis que ma vie
tant te plaiſt & delecte, veulx tu en e-
ſtre tout maintenant degouſté, & expe-
rimenter ma fortune? Ce que luy acor-
dant DAMOCLES fut aſſis par le cō-
mandement du ROY, ſur vn lict enrichy
d'or, deuant luy furent dreſſez tables &
buffetz treſſumptueux, & couuertz de
hanapz, couppes, & aultres vaſes tout
d'or. Deuant ſa table aſſiſtoient ieunes
enfans de beaulté treſſinguliere, prōptz
& ententifz à ſon ſeruice, qui fut treſ-
magnifique, & de toutes ſortes de viandes delicates & exquiſes. La cham-
bre d'or par tout reluyſante fut perfu-
mée d'odeurs, vnguentz, fleurs, chap-
peaulx, & bouquetz. Brief en ce tant
royal & triumphant appareil D'A M O-

cles

CEES se reputoit tresheureux : mais le
Roy DENYS adonc commanda estre
lasché & deuallé droict sur le cerueau
de DAMOCLES vn grãd glaiue clair
& tranchant , qui au dessus de luy pen-
doit, soustenu à vn solyueau d'un poil
de queue de cheual tant seulement . A
lors DAMOCLES si prochain de la
mort,commeça à desprifer le royaulme
& les richesses du Roy, le supplyãt qu'il
le voulsist oster de ceste sorte de fœlicité. Telle est nostre vie,dit à ceste heu
re la le Roy Denys , que maintenant tu
estimoys si heureuse : mais ores tu co-
gnois que la mort y est tousiours emi-
nente.Doncq comment cestuy la pour-
ra il estre heureux, qui est continuelle-
ment pressé de craindre,& sur lequel la
roche de Tantalus menasse de precipiter?

La roche de Tan-
talus.

 Empire,regne, dit Vopisque, est vne
chose tres subiecte à enuye & hayne.A
bon droict,dit dõcq Sidomen l'Apoli-
naire: Ie ne suys point d'accord auec
ceulx qui situent ceste fœlicité es regnes: car ainsi que les Empereurs &
Roys dominent au hommes, ainsi l'ar-
dent

Vopisque.

Sidomen l'Apoli-
naire.

dent defir de regner & dominer regne
& domine fur les roys.

Mais qu'effe de fes reuerances, de ces
hōneurs que l'on porte aux plus grãds,
finon toute fainctife & flacterie, & lefquelz ne fe donnent & offrent finon ou
par force, ou par crainte, ou en efpoir de
prouffit ⁚ Semblablement ya il chofe
plus caducque, incertaine & faulfe, que
ces grandes dignitez: car elles aduien-
nent auffi toft aux mefchans & mauuais que aux preudhommes.

Dauantaige les Empires, regnes, regences, & principaultez, & ceulx qui
les m'anyent font fans ceffe menaffez
de guerre, depoyfon, de venin, fer, feu,
& fang. Pour cefte caufe Seneque Ca-
tulle, & infiniz aultres ont pofpofé les
Empires, regnes & fuperintendances à
la vie priuée, ocieufe, & de repos. En
laquelle il femble, dit Ariftote en fes
Aetiques, que fælicité confifte: car tout
ce que nous faifons, tout ce que nous
trauaillons, c'eft feulement affin de re-
pofer..⁏

Ariftote.
Fœlicité en repos.
Paule Emylie.

Ce ne fe-

 E ne fera hors de propos
(principallement en ceft en
droit) reciter le tresbel exemple de PIRRHVS & de

CYNEAS. CYNEAS illuftre am-
abaffadeur voyant le Roy PIRRHVS
penfif & foucieux es chofes d'Italie
qu'il pretendoit conquefter, quelque
foys (entre aultres) eftant de repos &
ocieux : O Roy PIRRHVS (dit il) les
Romains ont bruict d'eftre excel-
lens en guerre, mais fi les dieux nous
en donnent victoire que ferons nous?
adonc il n'y aura gent (refpondit PIR-
RHVS) il n'y aura ville, cité ne region
Grecque, ne Barbare qui nous puif-
fe refifter les Romains furmontez :
mais incontinent ioyrons de tout
l'Empire d'Italie.

Vn peu apres CINEAS l'Italie prife
(dit il) aquoy nous exercerons nous?
Il ya vne Ifle trefprochaine nommée
Sifille (dit PIRRHVS) trefriche &
trefopulente qui fera de facille prife,
C'eft la verité (dit CYNEAS) mais
la Sicille noftre, finira adonc noftre
guerre. Dieu nous face victorieux
(refpon-

(ɾeſpõd Pirrhus)car alors nous viẽdrõs
à l'executiõ des choſes ardues & difficiles. Nous efforcerõs ſur l'Affrique &
la Carthaige, & icelles ſubiuguées tout
le mõde ne nous ſçauroit reſiſter. Il eſt
ainſi(dict Cyneas)mais quant tout ſera
mys ſoubz ta ſubiectiõ quelle ſera noſtre vie en apres: Lors Pirrhus en ſe
ſoubzriãt: nous repoſerons(dict il) tous
iours nous ſeront feſtes & feries. O
Roy Pirrhus(dict Cyneas)qui nous em-
peſche que maintenãt ne ſoyons en repos, & que n'ayons tous noz plaiſirs:
Nous auons ce royaulme opulẽt & fer-
tille en tous biens, nous pouõs en icelluy trouuer en abõdance toutes choſes, eſquelles nous mettõs au hazard &
danger de paruenir par ſang, par feu, &
par le peril de noz teſtes. La remõſtrã-
ce de Cyneas eſtoit tresbonne, il ne
ſceut pourtant diuertir Pirrhus de ſon
entrepriſe des long temps alenant le
royaulme d'Italie,& aſpirant à treſgrãdes & treshaultes eſperãces,qui finable
mẽt l'abuſerent cõme luy auoit prædit
Cyneas.Il y en a pluſieurs autres qui õt
eſtimé la ruſticité, la vie ruſtique & chã
peſtre

peſtre eſtre tresheureuſe, & l'ont preſe-
rée à la vie vrbane & ciuile. Virgille
parlãt des gens ruſtiques & laboureurs
des champs l'a ainſi teſmoigné, diſant:

Louange de la uie ruſtique.

Virgille.

O que trop eſtes heurez
Vous qui les champs labourez,
Si de voz biens vous ſouuient:
Car ſans diſcord, noiſe, ou guerre,
Du iuſte fruict de la terre,
Dequoy norrir, il vous vient,

Pareillement Horace.

Horace.

O Heureux le perſonnaige,
Lequel paſſe aux chãps ſon aage
A ſa ter-

A sa terre labourer,
Il ne sçait que c'est d'usure,
Faulx poix, ne saulse mesure,
Qu'en ville on voit demourer.

Mesmement APOLLO par son ora-
cle iugea vn nommé AGLAVS estre
le plus heureux de toute la terre : car il
labouroit en vn petit coing d'Archadie
son chãp & petit heritaige, qui luy rap-
portoit à suffisance son viure ãnuel, duquel petit heritaige il ne seroit iamais
sorty, & par ce moyen d'autant que ses
desirs estoient trespetitz, il auroit aussi
peu experimété, ne sçeu que c'estoit de
mal & malice. Parquoy(ce dit Horace)
si tu veulx viure selõ nature heureuse-
mét & bien, il n'ya lieu plus propice ne
cõmode que les heureux chãps & heritaiges chãpestres : car nature(dict Varro) a donné les champs, & l'inuention
humaine à ediffier les villes. La rusticité descédue de bas & humble cõman-
cement est tellemét mõtée,& a si grãde
haulteur & dignité, que entre les anciens Grecz, quiconque estoit pasteur e-
stoit estimé tresillustre & de clere &
louable reputation:dont les aulcuns(en
leur

leur langaige)estoient appellez Polyar-
nes, Polymeles, & Polybutes, pour la
multitude & quātité de leurs aigneaulx
moutons, brebys, & aultre bestial.

Poliarnes.
Polymeles.
Polybutes.

Les Romains aussi quād ilz vouloiēt
donner louāge & honeur à vn hōme de
bien, ilz l'appelloiēt bon agricolle, bon
laboureur: car lors en si heureuse repu-
tatiō l'agriculture estoit entre les anciens, que les Empereurs Romains n'a-
uoiēt hōte d'ēployer leurs mains triū-
phalles à la rusticité, semer, planter, &
excercer le louable estat de labour, &
tellement, que non d'ailleurs que de la
chose rustique les plus nobles & an-
ciennes fanulles Romaines ont pris
leurs surnoms deriuez en partie de leur
grand bestial, en partie de leur petit:
car les

Surnoms de Romains prouenant de leur bestial.

Car les Iuniens furét surnommez Bubulques, de leurs bœufz. Les Stabiliens Taures, de leurs taureaux. Les Pomponiens Viteliens, de leurs veaulx. Les Catons Portiens de leurs porcz. Et les Anniens Capres, de leurs cheures.

l'Italie pourquoy ainsi appellée.

l'Italie mesmes a tiré son nõ des veaulx dont elle estoit tresfertille, lesquelz les anciens Grecz appelloient Itales : l'argent & richesses semblablement ont esté appellez pecunes, de ce mot pecore qui signifie toute sorte de beste.

Dõt pecune a ainsi esté nommée.

Ie pourroys alleguer exemples quasi infiniz de l'heur & biẽs de la vie rustique, mais ie me retiens, pource qu'au liure de noz oraisons s'en trouue vne contenant les vtiles louanges de rusticité & agriculture. Ie ne peulx neantmoins

Diocletian se trãsporte de l'empire au labour.

passer que l'Empereur Diocletiã (l'empire franchement delaissé) se cõfera en la transquillité & repos heureux de la chose rustique, & la tresheureusement attaignit le cours de vieillesse honorable. Il ne conuiẽt taire aussi que le Roy

Attal⁹ du royaulme s'adonne à la rusticité

Attalus ayant (de son gré) abãdõné son sceptre & royaulme, s'adonna au iardinaige & parement d'arbres & aultres. De l'hon-

De l'honneur de la vie ruſtique,& fer-
tillité d'agriculture & Roys , & ducz
triumphans,vertueulx poëtes, & ſaiges
orateurs ont heureuſement eſcript, entre aultres les Roys Hiero , Attalus , &
Archilaus, les ducz Xenophon & Ma-
go,les poëtes & orateurs, Virgille, Ca-
ton,Pline & Varro, par leſquelz la ruſticité & agriculture eſt heureuſement
magnifiée & ennoblie.

Illuſtrateurs de la
vie ruſtique.

A ſcauoir ſi les richeſſes ſont
la fin & conſommation de
ceſte fœlicité
humaine.

D　　La plus

LA plus grande part des mortelz, voire quaſi tous eſtiment ceſte fœlicité & le treſgrand bien de ce mõde eſtre les richeſſes, & que il n'ya que le riche tant ſeulement qui ſoit heureux, & alleguẽt enſemblemẽt Horace, qui dit: o Citoyens cherchez premierement les biens, argent, & richeſſes, que la vertu: car la vertu, renõmée, hõneur & toutes choſes obeiſſent à richeſſe, de laquelle l'homme bien garny ſera noble, fort, iuſte, ſaige, Roy, & tout ce qu'il vouldra. A ceſte ſentence Horatienne adhere Petronien l'arbitre, quand il dit: quicõques eſt riche, plain d'or, & de cheuance yra hardiment & ſeurement par tout, gouuernera fortune à ſon gré & fantaſie, & ſeront tous ſes ſouhaiĉtz acompliz: car l'or & l'argent qu'un coffre & bahu tient encloz, eſt vn dieu, vn Iuppiter enfermé qui a toute puiſſance.

Pour ceſte raiſon le Iuriſconſulte en la ſignification des verbes, dit que les richeſſes ſont apllées biens, pource qu'elles beatiffient, c'eſt à dire, qu'elles font les gens heureuz, & leſquelles (dit Cicero)

Horace parle cy par Ironie nous incitãt pluſtoſt à vertu qu'a richeſſe.

Petronié l'arbitre.

L'or en vn coffre eſt vn iuppiter enfermé.

Richeſſes pourquoy appellées biens.

Cicero)font effectrices des haultes choses, mesmes des voluptueuses : car l'argent est le nerf des batailles, & l'or la
persuasion des Roys. A l'or(dit veritablement Apuleius) toutes difficultez
sont aysées, par luy forteresses inexpu-
gnables, & portes de fer & adamanti-
nes, sont rompues & brisées. Il n'y a lieu
tant soit sainct (dit Verres) qui ne soit
prophané & violé par or, ne place tant
soit forte & biē munye qui ne soit prise
& expugnée par argent. L'or(dit Horace)passe au meilleu des gensdarmes &
souldars, penetre au trauers des armées,
rompt & fouldroie rocz & roches plus
furieusement que l'impetuosité violen
te de la fouldre & tempeste.

PHELIPPES Roy de Macedonie,
disoit qu'il pourroit expugner & gai-
gner tous chasteaulx & fortes places,
pourueu qu'un asne chargé d'or y peust
monter : parquoy tous vrays Empereurs
& Roys chefz & principaulx des armées doiuent, ce qu'ilz ne peuuēt con-
quester par glaiues & machines, s'effor-
cer de vaincre par or & argent, dons &
liberalitez, à l'emple de ce Roy Phelip-
D ii pes,

pes, qui en ceste sorte fendoit les portes des villes. Mais puys qu'auiourdhuy Mars menaffe à fouldroier, & que ia il branfle fon dard, & fremit en fon harnoys, nous entrelafferõs icy (en paffant) quelques petitz aduertiffemens de la chofe Martiale, & induftrie militaire.

La grande multitude (donques) de la géfdarmerie, la vertu, induftrie, & fubtillité des chefz, & principaulx de l'armée feruent & peuuent beaucoup en guerre, & pareillement fortune, comme ayant puiffance es chofes humaines, & principallement en la bellique & Martialle: mais il n'ya rien plus vray, que l'or & l'argent y eft trefrequis, comme eftant le nerf, la force, & fouftenement des batailles. Archidame Lacon interrogué de fes compaignons, combien d'argent fuffiroit à l'adminiftration & entretenement de la guerre, refpondit: que la guerre ne demandoit point de poix ne mefure, fignifiãt qu'il fault que tout y foit en habondance.

CICERO dit que en vn vray lieutenant general de l'armée, ou bon chef du camp, doiuent eftre neceffairement

ces qua-

Mars fouldroye.

Ce qui peult beaucoup en guerre.

L'argent nerf des batailles.

Bonne refponce d'Archidame.

ces quatres choses. A sçauoir, science experimētéę de lart militaire, vertu, authorité obeye, & fœlicité. Mais encores il y fault adiouster vne cinquiesme cōme trespuissante & tresnecessaire : c'est affluéce, & abondance d'or, sans lequel tout manque & default, & ne peuuent aulcuns insignes & louables entreprises estre ayséemēt dressées & executées: car le deu office du bon chef & cappitaine, c'est ce qu'il ne peult parfaire par force & puissance, l'acomplir par or & argent, & aucunesfoys par astuce & finesse, à l'exemple & imitation de Lisander, qui admonestoit se vestir & ayder de la peau de Renard, ou celle de Lyon ne pouoit seruir ne proffiter. Mais sur toutes choses doit estre couuert & secret ce que le chef & cappitaine a conclud de faire. Ce que luy baille pour enseignement Vegece, disant : demande le conseil & opinion à plusieurs de ce qui sera bon de faire: mais de ce que tu as deliberé de faire n'en parle, ne communique qu'a trespeu, ou pour le myeulx qu'a toy seul mesmes. pour ceste cause fut grande-

D iii

ment

Metellus.

ment estimé le bon cheuallier Metellus, quand estant interrogué, quelle estoit son entreprise & conseil, si ie sçauois (respondit il) que ma robe le sçeust ie la brusleroys au feu. C'est pourquoy

Pourquoy le minotaure entre les estãdars Romains.

entre les estãdars & guidons romains estoit le minotaure: affin que tout ainsi qu'il estoit tousiours caché au plus profond du labirint en Crete, ainsi le conseil du chef & capitaine doit tousiours estre secret, & serré au plus creux de sa

Paule emylie.

poictrine, & ne doit, dit Paule Emylie, iamais combatre ne batailler les signes desployez & descouuertz, s'il n'ya tresgrande necessité & vrgente occasion.

La gensdarmerie & armée sans bon cõducteur & chef, est comme vn corps sans ame, & plus peult aulcunesfoys le bon & vaillant Capitaine seul, que le grand & copieux exercite. Ce qui apparut en Scipion Lemylian, lequel ayant

Armée sans bon chef corps sãs ame.
Scipion Lemyliã.

mis en fuytte les Numantins, & eulx despitez & indignez demandans commét ilz auoiét ceste foys tourné le doz aux Romains, desquelz au parauant ilz auoient souuent eu victoire. Lors vn Numantin: mes compaignons, dit il, ne vous

vous esbahissez, ce sont les brebis mesmes: mais c'est vn aultre pasteur. Donc à bonne cause est dit: d'autant vault vne armée que le chef d'icelle vault. A ce propos adhærant Chabrias dit que, plus est à craindre & redoubter l'exercite de Cerfz cõduict par vn Lyon, que l'armée de Lyons menée par vn Cerf.

Oultre ces enseignemens de guerre, Scipion l'Affrican en met deux dignes de marque & tressinguliers.

Le premier, que le parfait chef & capitaine ne doit iamais hazarder l'armée au fer, glaiues & lances, que premierement il n'y ayt pourueu & aduisé à grande & meure deliberation & cõseil: car si au choq il se treuue le plus foyble, il ne luy est lors possible d'y remedier, comme y estant allé à l'estourdy & inaduisé, & ne luy pourroit aduenir plus grande honte & infamie, quãd pour toute friuolle excuse il seroit contraint de dire: Ie ne pensoys pas que cela deust ainsi aduenir. Il fault doncq auant que s'auanturer, ne mettre au perilleux hazard de batailler, auoir le conseil des gensdarmes experimentez, ineurs & anciens, & ne s'aueugler de la fumée, & echauffer de la flamme de la ieuneſſe ardente & violente.

Le ſecond c'eſt qu'on ne doit marcher ſur ſon ennemy ſans auantaige, mais auſſi quand on à pied & barre ſur luy, il le fault incontinent aborder & combatre: car celuy à bien faulte de bõ cerueau qui dõne à ſon aduerſaire mortel & obſtiné, à demy vaincu & deffait, le loyſir & liberté de reprẽdre ſon alaine, & augmenter ſes forces tant de luy que des ſiens.   CHABRIAS diſoit d'auantaige, que le vray deuoir du bon chef & capitaine, c'eſt ſçauoir & cognoiſtre le conſeil, les entrepriſes, les menées & choſes des ennemys: ce qui ſe fait le plus commodemẽt par eſpies, leſquelz on acquiert, & ſe rendent treſſeurs & loyaulx par liberalité, par dons, & preſens d'or & d'argent & richeſſes, leſquelles cõe vne vertu dõnẽt ſouuẽt la victoire des ennemys: car l'argẽt fait les gẽſdarmes plus hardiz & obeyſſans, & augmẽte leurs forces, & au contraire s'il leur default, ilz deuiennent laſches & ſans couraige. Brief ſans argent toutes

tes

ces chofes en guerres au befoing font
fourdes, muettes, & inanimes.; La liberalité eft dõcq trefrequife aux chefz du
camp & capitaines : car par ce moyen
ilz tiennent en leurs mãches les cueurs
des gens de guerre, ainfi que faifoit Iu- Iules Cæfar.
les Cæfar, vfant de liberalité enuers les
fiens, de forte que tous fes commande-
més tant feuffent difficiles, leur eftoiét
ayfez & faciles.   Vous ne trouuerez e-
ftrãge fi nous fommes quelque peu di-
uertiz fur ces enfeignemens de guerre,
attédu fes menaffes & tumultes ia fuf-
citez & mafchinez en la ruyne & perdition de la region, ou fon tonnerre fe
precipitera.   Or affin que nous reue- Euripides.
nons à noftre propos, richeffe, dit Eru-
pides, eft eftimée la fœlicité & trefgrãd
bien de ce mõde, elle eft de tous & par Richeffe reuerée
tout reuerée & honorée, & au contraire, par tout.
Pauureté eft mife foubz les piedz. Ce
que Salufte, Seneque & Horace aprou- Pauureté mife
uét, difans: Le pauure eft toufiours nud, foubz piedz.
mais à qui font les richeffes en abon-
dance, il femble que rien ne deffaille:
car l'or & l'argét font l'homme noble,
beau, venufte, gorgias, eloquent, & bien
parlant

parlant, tellement que iamais (dit le cō-
mun prouerbe) nous ne demādons d'ou
ne cōment à il eu des richesses: il suffit
mais qu'il en ayt.   Aux decretz, cano-
niques en la distintion quarāte sept est
escript, que nostre pésée iecte tousiours
sa veue sur l'or, au contépler & regard
duquel plus prenons de plaisir qu'a
veoir le soleil . Dauantaige toutes noz
prieres & oraisons quotidianes que pre
sentons à dieu, ne tendent à aultre fin
que d'auoir des biens & richesses . Ce
que tesmoignent Iuuenal & Horace,
disans:

Noz prieres ordi-
naires

Iuuenal
Horace.

TOut le point à quoy nous tēdons,
Et ce qu'à Dieu nous demandōs
Sans cesse,

C'est

C'eſt qu'il nous face foyſonner
En biens,& nons vueille donner
richeſſe.

S E N E Q V E au vingt deuxieſme
de ſes epiſtres : noz predeceſſeurs,
dit il,ont fait grāde admiration de l'or
& argent,ilz ſ'en ſont merueilleuſemēt
eſmerueillez:car tous peuples ſont diſ-
cordans en aultres choſes , fors en l'a-
mour d'or & d'argent. Tous d'un meſmes accord & vnymēt l'aymant,le cō-
templent , le priſent & deſirent , les ſa-
crés ſacrifices & oblations aux dieux ſe
y font & preſente, comme en la choſe
de toutes humaines la plus noble &
precieuſe,& ſi nousvoyōs quelque tēps,
quelque regne bon & pacifique , nous
l'appellōs ſiecle doré.Laiſſe moy (diſoit
vn aultre)reputer & appeller meſchant,
pourueu que ſemblablement ie ſoys appellé riche . Auſſi nous ne demādōs ia-
mais:ceſtuy la eſt il homme de bien,eſt
il de bōne vie: mais tous les iours nous
enquerons,à il beaucoup de biens,eſt il
riche.On ne diſpute point comment,ne
ou il à pris tāt de richeſſes,il ſuffit:mais

qu'il

Marginal notes (right margin):

Tous diſcordent fors en l'amour d'or & d'argent.

Siecle doré.

Ce dont on ſ'en-quiert tous les iours.

qu'il en ayt,& d'autant qu'il en a d'au-
tât il eſt eſtimé:car vous eſtes priſez,dit
Apuleius en ſon Apologie) & tient on
compte de vous ſelon voz biens & richeſſes. CALIGVLA Empereur Ro-
main eſtimant l'or eſtre la conſomma-
tiõ de ceſte fœlicité,ſe pourmenoit ſou-
uentesfoys nudz piedz ſur vn grand
monceau d'eſcuz,& pieces d'or,& aulcunesfoys ſe rouloit & veaultroit par
deſſus. ALCMEON Grec, duquel à
eſcript Herodote,veſtu d'une treſgrãde
& large robe, ayant aux piedz des ſouliers ãples & fort larges , vint aux threſors du Roy Creſus par ſa permiſſion,&
la repoſant ſur vn hault amas d'eſcuz,
& toutes ſortes d'eſpeces d'or, premierement emplit ſes ſouliers tout d'or, &
pareillemẽt tous les plys de ſa robe,en-
tortilla ſes cheueulx entour les ron-
gneures d'or, il en emplit ſa bouche &
ſes mains . Brief il ſortit ſi chargé d'or,
qu'il reſſembloit myeulx vn monſtre
qu'un hõme:car il auoit ſa bouche toute enſlée,& le reſte de ſes membres cõ-
trefaitz pour l'or dont il eſtoit par trop
chargé. BYAS Pirenenſe interrogué
en quoy

en quoy l'homme se resiouysſoit le plus.
Quand il gaigne, dit il.

PITHEE Roy des Bithiniens (qui
regna du temps de Xerxes) fut ſi ardẽt
en la cõuoytiſe de l'or (cõme ſi ce feuſt
le treſgrãd bien & fœlicité de ce monde) qu'il occupoit tous ſes citoyens à
fouyr & fouiller les metaulx & matie-
res d'or,& iceluy parer ſaus ceſſe ne repos, & tant eſtoit ſtudieux d'en amaſſer , & ſi fort cõtraignoit & preſſoit ſon
peuple entour iceluy,que pluſieurs pour
l'exceſſiueté du trauail, mouroiẽt ſur le
labeur meſmes. Ce qui feit venir les
femmesBithniiennes ſupplyer la Roy..
ne , eſpouſe de Pitheus,pour medeciner
à ce mal: ce que leur ayãt promys, elle
meit ouuriers en beſongne pour faire
toutes ſortes de viandes de fin or , leſquelles diligémẽt & en grãd ſoing par-
faites,& Pitheus cõmandant le ſoupper
eſtre preparé , la Royne feit dreſſer v-
ne table d'or treſſumptueuſe, à la veue
de laquelle Pitheus print grand plaiſir,
car l'ouuraige eſtoit d'eſprit & de labeur : mais eſtant ſaoul de la veoir, de-
manda à manger.A lors par le cõman-
dement

En quoy l'homme
ſe reſioyt le plus.
Pithée treſcõuoi-
teux d'or.

Induſtrie de fẽme

dement de la Royne, telles sortes & especes de viandes qu'il demandoit, luy furent presentées faites d'or, & en fin Pitheus voyant le seruice de telles viandes si long, commanda luy en estre apportées d'aultres, se despitant & colerant pour la faim qui le pressoit. A donc la Royne saige & de bon esprit: Mon espoux, dit elle, tu ne donne loysir ne faculté d'auoir aultre chose que celle maintenant à toy presentée, tout le soing & labeur de tout ton peuple est apres l'or, tu le veulx ainsi. On ne laboure plus les champs, la diligence de semer & planter est perie, il n'est plus nouuelle d'agriculture & rusticité: car tu contraintz & empesches tous les Bithiniens seulement à fouiller, chercher & parer l'or, tellement qu'aultre chose ne te peult estre offerte: aquoy te plaise pouruoeir & prendre pitié de ton peuple. De ce sainct exortement & iuste castigation de la Royne, le Roy Pitheus ne fut mediocrement esmeu, il ne delaissa toutesfoys si cupidité brustante d'amasser de l'or & richesses, enquoy il consistoit ceste fœlicité humaine.

Ce Roy

Ce Roy PITHEVS dont nous par-
lons eſt ceſtuy la qui dõna au Roy dai-
re de Perſe vn plãtin(arbre) d'or & vne
vigne auſſi d'or, & qui receut & fornit
de viures & viandes le copieux, & in-
numerable exercite de Xerxes aultre
Roy de Perſe, auquel il promit ſtipen-
dier & entretenir de gaiges, argent &
froment ſon armée par l'eſpace de cinq
moys. Ce riche Pitheus parlant ainſi en
horace: le peuple (dit il) me mocque &
gaudit: mais en ma maiſon ie meſiois
en moy meſmes, contemplant en mes
coffres mon or, argent, & richeſſes.

Nous tranſperçons (dit Pline) non
moins elegamment que veritablement
les entrailles de la terre, nous penetrõs
en ſes boyaulx, y fouillans & arrachans
les vaines d'or & d'argent, les metaulx
d'arain & plõp, & les pierres precieu-
ſes, affin qu'au doy ſoit portée la géme
& la bague. O quantesfoys & combien
de mains & membres ſont eſcachez,
ſont briſe z, ſont froiſſez, affin de faire
reluire & apparoiſtre vn doy ſeulemét:
certes ſil eſtoit poſſible de trouuer le
centre & fons des abiſmes, deſia les pro

fondes

fondes mynieres, & creuſes foſſes, &
cauernes d'auarice penetrante, y feuſſent refouillées & recherchées.

Brief quaſi tous les humains ne deſirent qu'eſtre plus que plains de richeſſes, toutes noz péſées y aſpirent, & tous
noz œuures ne ſont faitz que pour les
acquerir, comme ſi c'eſtoit la fœlicité
humaine.

Que ceſte fœlicité ne conſiſte pas es richeſſes, & ne ſont pas l'homme heureux.

Mais ſans aucune difficulté les
richeſſes (dit ARISTOTE)
ne ſont pas le grãd bien de ce
monde

Tous deſirent ri-
cheſſes.

mõde, elles font toutesfoys vtilles mais elles ne font pas actendues & defirées pour ellesmefmes, ains pour la fœlicité. Parquoy elles ne font pas la fœlicité, laquelle feule eft actendue pour elle mef-mes. Daduātaige ce qui eft bõ ne prēd point fa creation & origine de mal.

Ce qui eft bõ n'eft point crée de mal.

Or les richeffes fe font & créent de mal & iniquité, doncques ce n'eft pas le grād bien & fœlicité. Cela eft aprou-ué par fainct Hierofme, quand il dit : le riche ou il eft mauuais ou heritier du mauuais, aquoy adhere ce paffaige euā-gelique, difant: vous acquerez & faites des amys des enfans & heritiers d'ini-quité, c'eft des richeffes, lefquelles pro-uiennent de malice & mauuaiftié.

Le riche ou mau-uais ou heritier du mauuais.

Pour c'efte raifon aux philofophes & principallemēt à Seneque rien ne fem-ble eftre bon, duquel on peult mal vfer. Et combien en voions nous vfans mal de leurs richeffes : oultre plus ce qui eft bon ne peult ne doibt nuyre. Commēt feroient doncq les richeffes bõnes, lef-quelles nous voiõs tous les iours por-ter nuyfance & dommaige à infiny nõ-bre de mortelz, & fouuēt leur procurer

Rien bon dont on vfe mal.

E   fin &

fin & mort honteuſe & miſerable.Par
quoy il fault croire que les richeſſes ne
ſont pas le grand bien, puys que ſi ſouuent el'es tournent en mal & malheur,
& ſont precipiter & trebuſcher aucunesfoys du hault en bas le ſeigneur &
poſſeſſeur d'icelles . Ce que teſmoigne
Iuuenal diſant:

AV lieu de ſeruir au beſõing,
Et d'eſtre à ſon ſieur fauorable,
L'or amaſſé par trop grand ſoing
Luy procure mort miſerable.

Le propos ſeroit trop long ſi ie vou-
loys narrer tant d'exemples de ceulx
auſquelz les richeſſes & leurs biés meſmes ont cauſé fin malheureuſe & infame:

me:il y en ya deuant les yeulx de chaf-
cun infinyz mirouers & exemplaires.

Toute chofe (dit APVLEIVS en
fa magie) qui furpaffe la mediocrité, le
moyen, la moderation , plus redonde à
charge & peine qu'à vfance & foulai-
gement. Auffi(difent Platõ au cinquief
me de la republique,& au tiers des loix
Hefiode) la moictié eft plus que le tout:
car mediocrité eft plus vtille & falubre
que trop,& trop peu,qui font tous deux
nuyfibles & dommageable.

Que c'efte fælicité humaine ne confifte pas es richeffes, nous en auõs preu
ue trefaparéte & certain enfeignemét,
mefmes par les hommes opulens & riches, lefquelz nous vous voiõs engoif-
feux , chagrins , toufiours en trauail &
foucy,la fœlicité defquelz(dit Seneque)
eft mafquée , fainte , fimulée, offufquée
& couuerte de ie ne fçay quel voille, &
faulfe couuerture, affin que par dehors
& au front ilz foient veuz bié heureux,
combien qu'au dedans & en leur poictrine ilz foient du tout malheureux &
miferables.   Plufieurs (qui font vul-
gairement eftimez heureux) toufiours
E ii   fe dueul

La moictié pl' que
le tout.

Trop & trop peu
font dommaigea-
bles.

Seneque.
La fœlicité des ri-
ches mafquée.

dueullent, toufiours fe plaignent, touſiours foufpirent. C'eſt pourquoy Anaxagoras interrogé qui luy fembloit e-
ſtre biē heureux il n'y en a pas vn (reſpondit il)de ceux que penfez eſtre.

Dit d'Anaxagoras.

SOCRATES & Platon enquis de
Pol ſi Archilaus Roy de Macedoine ne
luy fembloit pas biē heureux, ie ne ſçay
(dit il)pource que ſa vie m'eſt inco-
gneue. Pareille refponce feit il du grād
Roy de Perſe, lequel(pour ſes richeſſes,
tant grandes feuſſent elles) il ne iugea
pas eſtre heureux: pource(diſoit il) que
i'ignore ſon gouuernement en l'admi-
niſtration de iuſtice, & manyment de
la republique & de ſon royaulme : car
ce philofophe mettoit la fœlicité en ver
tu, non pas es richeſſes.

Si les roys de ma-
cedoine & de Perſe
heureux.

I'ay l'or en merueilleuſe haine (dit
Plaute)pource qu'il perfuade, & fait per
petrer toutes meſchancetez. Que pleuſt
à dieu (dit Pline) que l'or peuſt eſtre du
tout oſté de ce monde, & qu'il n'y en
euſt plus. O facrée fain d'or(dit Virgille)qu'elle eſt la péſée humaine, qu'el
eſt le cueur mortel, que tu ne contrai-
gnes & preſſes: Certes tu es le fons &
abiſme

Plaute.

Fain d'or ſacrée.

abifme de tous maulx trouué au damp
& perdition de noftre vie.

A P V L E I V S appelle l'or metal exe-
crable & abhominable, non fans caufe,
doncq Crates Thebain (comme eft efcript es hiftoires & decretz canoni-
ques)gecta vne grãd maffe pefante d'or
eftimant ne pouoir poffeder les vertuz
& les richeffes enfemble. Autant en eft
de Zeno, qui aiant entẽdu le nauffrai-
ge de fes biens , fortune (dit il)la voulu
ainfi, affin que myeulx ie vacque à phi-
lofophie . Pareillement Democrit pour
plus librement & fainement trauailler
en la profeffiõ des lettres , fe demeit de
tout fon bien duquel il feit don à fon
pays. A N A X A G O R A S auffi trop
plus eftimãt la doctrine & fcience que
les richeffes,& pour myeulx entendre
à l'eftude,delaiffa en friche & ruyne fes
poffeffions & heritaiges , & difoit qu'il
ne feroit pas en faulueté n'affeurance, fi
es richeffes ne feuffent peries & ruy-
nées.   Il fault adioufter à cecy que
'homme n'a iamais autant qu'il defire:
ar fortune (dit Martial) donne trop à
lufieurs,mais elle ne donne (iufques à

L'or trouué à la
perditiõ de noftre
vie.

L'or metal exe-
crable.
Crates icõte l'or.

Contempteurs de
richeffes.

Martial.

Plusieurs ont trop nul n'a iamais assez.

vn seul) iamais assez. Et tãt plus l'homme est riche, tant plus est desireux. Or qui desire ne peult estre heureux: car (selon la certaine opiniõ des saiges auteurs) l'homme qui desire est indigent parmy ses grandes richesses, & souffreteux entre sõ or amassé. Le Poëte Claudian à tresbiẽ sçeu ainsi dire: tousiours est pauure qui desire. Doncques celuy est myeulx pour bien viure, qui a le moins de fez & charge, cõme pour biẽ naiger. Oultre ces choses, toutes les richesses mondaines ne sçauroiẽt prester santé, ne nous sauluer & deliurer de maladie, delaquelle l'homme enueloppé, pour retourner sain, donneroit tout le thresor & bien de Perse. Or le malade (combien qu'il soit tresopulent) ne peult estre heureux: car pour auoir fœlicité, il fault (auec aultres choses) auoir prosperité & santé, que ne pouons auoir par richesses, par tãt elles ne font pas l'homme heureux: daduantaige la garde d'icelles (dit Horace) est miserable, & ne fait (dit Seneque) qu'engẽdrer soucy & peine. Et pource que nous sõmes si precipitez en la faulse amour

Pauure est qui desire.

La garde de richesses miserable.

de ses

de ſes malheureuſes richeſſes, & en la
dampnable cupidité de ceſte mauldicte
auarice, de ſorte que nous en faiſons
quaſi noſtre dieu, y mettans tout noſtre
ſoing, yeulx & penſée, i'ay franchement
(oultre noſtre Beroalde) icy entremys
& tranſlaté à propos, ce que veritablement & bien le grand & docte Eraſme   Eraſme.
à heureuſement eſcript du malheur &
perdition des richeſſes, pour ſauluer &
retirer ceulx, qui en ſ'y baignât & trop
delectant ſ'y noyent, abiſment, & per-
dent le plus ſouuent, faulte de remon-
ſtrance.   Il n'ya choſe au monde (dit   Richeſſes dames
doncq ce grand & docte Eraſme) plus   & miniſtres de tou-
miſerable, plus vaine ne pernicieuſe,   te meſchanceté.
que les richeſſes. Elles ſont dames &
miniſtres de toute meſchanceté, aultre-
mêt la ſaincte eſcripture n'euſt pas ap-   Auarice racine de
pellé auarice, racine & ſource de tous   tous maulx.
maulx. Elles engendrent la vicieuſe a-
mour d'en auoir. Elles conçoipuent les   Ce qu'engendre
ſanglantes & mauluaiſes entrepriſes,   richeſſe.
elles ſuſcitent les larcins, elles forgent
les peculatz, elles pullulent les ſacrile-
ges, elles créét les rapines. D'elles pro-
uiennent les inceſtes, les adulteres, les

E iiii   viole-

violemés & amours, hordes naturelles, & defordónées. D'elles defcendent cócubinaiges, meurtres fratriçides, & patricides. Brief elles font(dit Horace)la matiere & condiment des trefgrandz maulx, & de l'extreme malice, lefquelles richeffes ce mefines Horace nous commande geɔer en la mer, fi nous auons bonne & vraye repétance de noz pechez: car entre elles & eulx tãt eft la proximité affine, & coufinaige fi prochain, qu'ilz font toufiours enfemblement & n'eft iamais l'un fans l'autre. Ce que leurs propres noms latins (qui font vices & diuices)tefmoignent euidemment, & f'y accordent:car vices ce font pechez, & diuices font richeffes: tellement qu'auffi il eft impoffible de trouuer vn de ces riches fans eftre infet de peché. Ou il eft obftiné & enfepuely en fon auarice(oultre laquelle n'y a rien plus mefchãt & infame) ou il eft fangeux & fouillé en luxure, chofe fur toutes puante & villaine, ou il eft fubiect à vfure, la pire poifon du monde.

D'aduantaige l'amas de fes richeffes d'or & argét fe fait auec labeurs intollerables,

Richeffes condimét de malice extreme.

Affinité de richeffe & peché.

lerables , & le plus souuent mallement
& illicitemēt auec pariuremens & trõ-
perie de son prochain. La garde d'icelles n'apporte que trauail & crainɛte de
les perdre, la perte ne donne que tourment, regret continuel , & aucunesfoys
desepoir, & la miserable mort par la
main de soymesmes.

Encores le riche auec tous ses thresors n'a iamais cesse ne repos , il n'a ne
feste ne ferie, tous iours luy sont ouura-
bles, toutes nuiɛtz luy sont telles , ou il
sera (de iour) tousiours faisant le guet
entour ses biens acquis, sans prendre le
loysir de r'auoir son alaire, ou il sera de
nuiɛt en peine & resuerie continuelle
d'en acquerir. S'il perd il se desepere,
s'il ne gaigne point, il se iuge & estime
miserable. Et bien qu'il ayt amassé de
l'or aussi hault qu'une montaigne, il
n'est iamais content ne paisible, inces-
samment gronde & murmure, iamais
n'est rassasié, mais meurt de fain au-
pres, & ne luy seruēt ces richesses amas-
sées sinõ de luy auoir cõceu & apporté
soing, peine, trauail, gehaine, & cõtrain-
ɛte de les bien garder : car l'ardeur &

cupidité

Le riche n'a point
de festes.

cupidité d'or & d'argēt croiſt, d'autant que l'or & l'argēt augmētent . Pour ces raiſonsvn nōmé Vulteius (mētioné en Horace)iugeoit ſ'eſtre mal gouuerné & malheureuſement, d'eſtre par ſon eſprit & ſciéce ſorty de pauureté en richeſſe. Ie ne ſuis pas (diſoit il) deuenu riche, mais pluſtoſt miſerable & malheureux, & ſupplie aux dieux que ie puiſſe retourner à ma premiere vie.

Mais icy l'auaricieulx reſpondra, ſi la ſolicitude & trauail d'amaſſer m'eſt aſpre & rude, l'argent m'eſt doulx & amyable: ſi la garde d'iceluy m'eſt tourment, ſa preſence m'eſt plaiſir, ie n'ennuyeray de peine & labeur, pourueu que mes deniers acroiſſēt, voyla ce que tu diras, mais dys moy , o miſerable & malheureux auquel riē ne ſuffit, qui inceſſamment traueilles & veilles apres tes richeſſes enfermées es coffres ou en ſepuelies en terre(ainſi que touſiours le veillant ſerpent d'heſperie entour les pommes d'or ou verger des filles d'Athlas)reſpondz moy repliques moy. Quel prouffit penſes tu que ces richeſſes t'apporteront en la fin? Quel loyer final

final en eftimes tu receuoir? O que tu
t'abufes, ce n'eft aultre chofe que pur
metail, taillé en faces, effigies & tiltres,
lequel ne te fcauroit ofter le mordant
foucy de ta penfée, ne chaffer ta maladie ny le moindre incōuenient de ton
corps. Par plus forte raifon ne te pourroit defendre de la mort: mais encores
reuiendras tu à tes folies, elles me fer-
uent(diras tu)& garētiffent de pauureté
& fouffreté. O que tu mens: car elles
font que tu es toufiours indigent & pe-
nurieux à l'exemple de l'Hidropique,
duquel tout ainfi que le breuuaige n'e-
ftaiuct point la foif mais l'alume, ainfi
l'habondance de richeffes embrafe ton
defir d'en amaffer d'auantaige.

Comparaifon du riche & hidropi-que.

　Toutesfoys il eft certain que les richeffes ne font rien que vanité & vent:
car tous les biens qu'en fi longue efpa-
ce de temps tu as acquis ou vfurpez en
fi grand peine & molefte tant bien que
mal,fi la fortune (cōme on dit) tourne
fa roue, te delaifferont incōtinent & fe
transporteront ailleurs, de forte que tu
deuiendras en vn moment plus pauure
que Irus qui maintenant es biens fur-
paffoyt

Irus trefpauure.
Crefus trefriche.

paſſoys le riche Creſus. Cela eſt tāt cler que rien plus:car combien a l'on veu de grandz & opulens perſonnaiges tōber du hault de leurs richeſſes au fons de pauureté.   Cela ne te contēte pas aſſez mais (o riche) croys (ſ'il eſtoit digne de croyre)que tes richeſſes ne te delaiſſeront point durāt ta vie, eſtimes tu pourtant qu'elles te ſuyuront apres ta mort. O malheureux, o miſerable, toy preſt à porter en la foſſe, de toute l'affluēce de tes biens,de tous tes threſors & richeſſes à grand peine & difficulté te ſera baillé & ordonné vn petit & ord linſeul pour t'enuelloper & enſepuelir. Car deſia tes richeſſes ſont poſſedées par aultres ſeigneurs, nōpas ſeigneurs mais pluſtoſt gardiens & ſeruiteurs d'icelles,& dont ilz abuſent plus qu'ilz n'en vſent.   Brief tout malheur & miſere prouient des richeſſes, ce que cognoiſſant vn nommé Eutrapele ſ'en ayda & print vēgeance de ſon ennemy en telle ſorte, il ne le perſecutoit pas par iniures, par venyn, par fer, ne par oultraige,mais l'ērichiſſoit& luy faiſoit preſens d'or & d'argent & veſtemens

precieulx

Riches non ſeigneurs de leurs richeſſes mais gardiens.

Treſnotable vengēce d'Eutrapele.

precieulx, eſtimant (à la verité) que l'a-
uoir de ces richeſſes luy bailleroiēt vn
apetit inſatiable d'en acquerir, & eſtāt
affamé de tel appetit, il delaiſſeroit à e-
ſtre homme de bien & ſ'eſlógneroic de
toute vertu en ſ'adonnant à toute vil-
lannie & infamye.

Les choſes deſſudites (pour reprēdre
noſtre Beroalde) nous donnent certaine cognoiſſance que es richeſſes ne cōſiſte pas la fœlicité de ce monde, & que
les riches ne ſont pas heureux ainſi que
nous les penſons.

A ſcauoir ſi la uertu fait la uie bien heureuſe.

Les plus

Le vertueux & sai
ge embrasse toutes
choses.

LEs plus sainctz & seueres philosophes ont mys & posé ceste fœlicité
humaine en la vertu, estimāt l'homme
vertueulx & saige estre, & embrasser
toutes choses, suyuant laquelle opinion
Horace a dit ainsi:

Horace.

> L'homme saige reuestu
> De vertu,
> Est vn peu moindre qu'un dieu,
> Il est beau, riche, & royal,
> Liberal,
> Honneur le guide en tout lieu.

Seneque.

Veritablement (dit SENEQVE en
son liure à galion de la vie biē heurée)
vertu est vne haulte chose royale, esle-
uée, inuicible & infatigable, tu la trou-
ueras aux courtz, aux temples, contre
les murs, pouldreuse, coulourée, & ayāt
les mains pelues, aquoy adherant Silius

Silius.

dit: vertu ne change iamais de face, elle
a le front, la bouche, & le marcher viril,
elle est haulte, droicte, & reluyt en sa
robe blanche comme neige, & laquelle
(dit Ouide) ne trouue voye ne chemin
estrāge ny fascheux: mais passe par tout.
La di-

La diffinition de vertu selon H o-
R A C E , C'est fuyr peché & folie, & suy
ure sapience:mais selon l'Vcilie poëte
satirique,vertu cest sçauoir ce que cha-
cune chose contient, auoir la cognoissance de ce qui est droict,iuste,vtille, &
honneste,sçauoir le bien,le mal, ce qui
est inutille, ord, & infame, sçauoir le
moyé & la fin de la chose qu'on quiert
& demáde, donner ce qui est deu à hó-
neur & merite, estre ennemy & perse-
cuteur des meschans & des mauuaises
coustumes, au contraire, estre amy &
defenseur des preudhómes & des coustumes louables, aymer le prouffict de
son pays sur toutes choses, en apres de
ses pere,mere,parens & puys le sien.

Vertu(dit P L A V T E en emphitrió)
certainement elle precede toutes choses & n'ya point qui soit à preferer deuant elle:car nostre liberté, salut, vie,
biens,pays,parés,& enfans ont besoing
d'estre defenduz & gardez:mais vertu
seule & de soy mesmes se preserue &
defend : car en elle toutes choses sont
contenues & comprinses,& quicóques
l'a est emply & acópaigné de tous biés.
Seneque

SENEQVE au neufieſme des epiſtres à l'Vcilie appelle vertu droicte raiſon, ſainct Auguſtin dit que vertu eſt lart & maniere de bien viure, & d'autant que l'argēt(dit Horace) eſt plus vil que l'or ainſi l'or eſt beaucoup moins à eſtimer que vertu, ce meſmes Horace dit que vertu eſt le meillieu des vices reduit & ſeparé d'une part & d'aultre, c'eſt à dire n'eſtre trop hardy ne trop couart, ne trop liberal ne trop chiche ne trop ſoub dain, ne trop lent, & ainſi des aultres, brief c'eſt garder le moyē & ſe gouuer ner moyennemēt en toutes choſes & affaires. Ce que les bien heureux tiennent & obſeruent.

CICERO en ſes queſtions tuſculanes dit qu'a bien & heureuſement viure la vertu ſeule peult aſſez, aquoy adhere Silius diſant que la vertu de ſoy ſeule eſt à ſoy meſmes tresbeau loyer & grãd guerdõ, le poëte Claudian parlant d'elle l'a ainſi collaudée. Vertu(dit il)porte quant & ſoy ſon pris & recompenſe, ſeule eſt aſſeurée de fortune, elle ne ſ'eſleue point dauātaige pour gloire qu'on luy donne, elle ne demāde point

la careſſe

n'y bon recueil du peuple. Elle ne defire point & n'a befoing de l'ayde, richeffe & louange d'autruy . Elle eft en fes
biẽs forte, magnanime & couraigeufe,
elle eft inmuable, toufiours ferme & cõ-
ftante, iamais ne change de face, & fiec
laffus dont elle cõtemple toutes chofes
mortelles, d'elle le poëte Horace a ainfi efcript:

Vertu eft toufiours reluyfante,   Horace.
  Inuyolable eft fon honneur,
Et ne cogneut iamais la fante
De villanye & deshonneur.

    Certes c'eft vertu feulle que nous de-
uõs enfuyure de toutes noz forcés pour
paruenir à eftre biẽ heureux à l'exem-
                    F   ple des

ple des diuins philosophes mesmes de Pithagoras, Empedocles, Democrit & Platō, lesquelz ont transfreté les mers, voiaigé tout le monde & circuit toute ceste basse rondeur, à ceste intention seulemēt de trouuer & aprehēder ver-tu, laquelle ilz ont diuinement publiée & anōcée par tout comme mere & as-fectrice de fœlicité & beatitude : car puys que des choses differentes & con-traires s'en ensuit cōtraire consequēce, il est tout certain(actendu que les vices & pechez font la vie meschante & mal heureuse)que les vertuz rēdent & con-struisent la vie bien heureuse. Parquoy les Stoiciēs soustiennent que l'homme vertueux & saige est tousiours heureux, ores qu'il deuient sourd, aueugle, & muet,debilité de ses mēbres,tourmen-té & crucié de douleurs & maladies.

Que la uertu de soy seulle n'est pas suffisante,& ne peult as-sez à parfaire la uie heureuse.

Mais

Ais la chose deligemmét pen-
sée & pesée, il est manifeste
que pour parfaire la fœlicité, la
vertu peult beaucoup, mais nõ pas tout
& ne suffit : car l'homme heureux (dit
Aristote) oultre la vertu encores a il ne
cessité des biés du corps & de fortune,
combien que les Stoiciens maintiénét
que le vertueulx bié qu'il fust sur la roe
ou tenaillé & mys en trescruel tourmét,
ce neátmoins il demeure tousiours bié
heureux : mais sainct Augustin (au dix-
neufiesme de la cité de dieu) confute &
reprouue la doctrine de ces Stoiciens
pource qu'en eulx est toute esleuation
d'orgueil & superbité, & qui ne disent
que ce qui leur plaist ou non plaist.

La doctrine des Stoiciens reprou-
uée par sainct Augustin

F ii　　　Theo-

THEOPHRASTE (qui par la diuinité de son parler s'est trouué ce nom)aprouuoit la sentence de Calistenes disant: fortune gouuerne la vie non pas sapiēce. L'indolence(alleguée par Iherofme)qui est comme auons dit cy dessus, estre sans peine & douleur, n'est pas le grand bien ne la fœlicité humaine: car indolence peult estre es folz & sotz, or fœlicité ne s'assemble iamais auec folie ou sotise, d'auantaige c'est aultre chose estre sans douleur qu'estre en volupté & fœlicité, parquoy (comme tresbien a dit Seneque)ie ne diray iamais que ceste fœlicité soit indolence que les petites mouches,grillōs & saulterelles,ont & posseddent. Ceulx qui ont dit volupté conioincte auec honneur estre la fœlicité, ont aproché du but, mais ilz n'ont pas consideré & embrassé tout ce qu'il fault à la parfaire.

Fortune gouuerne la vie.

Indoléce n'est pas fœlicité selon Seneque.

Tresinsigne sentence de fœlicité Par Aristote.

ARISTOTE philosophe tresexcellent au dixiesme des etiques, dit que ceste fœlicité est vne certaine operatiō contemplatiue, laquelle arduement & philosophallement il declaire en ceste sorte. Les dieux(dit il) selon l'opiniō de tous

de tous sont tresheureux & parfaitz en
toute fœlicité, or quelz affaires ont ilz,
en quelles choses sont ilz occupez, en
quelles besongnes s'exercent ilz, es iu-
stes ou iniustes, es bonnes ou mauuaises. Ce seroit mocquerie de dire qu'ilz
s'empeschassent & souciassent de noz
marchez, de noz contractz, de noz affaires & gaiges, ne qu'ilz soccupassent
à donner de l'argent & ezercer liberalité: car c'est folie de croire qu'ilz aient
manyment d'argent & de deniers. Il
ne fault pareillemét estimer qu'ilz dor
ment (comme Eudymion) actendu que
le somme n'appartient qu'au dormant,
or les dieux (comme chascun croit) sont
tousiours veillans & viuans doncques
operãs: car ce seroit grand peché de pé-
ser (dit Origene au tiers des periarches)　Origene.
que la nature de dieu fust ocieuse & im
mobile: mais il ne fault aussi cuider que
dieu ait aucune peine ou trauail en ses
œuures & operatiõs, ce qu'a l'homme,
que reste il dõcq en la tresheureuse na
ture diuine sinon cõtemplatiue operation ou contemplation operatiue? Parquoy ie suys d'opinion que la vie con-
F iii　　templa-

templatiue est tresheureuse & tresbōne
comme tresproche & affine imitatrice
de la diuine operation, qui est contemplatiue surmontant & preceddāt toute
fœlicité & beatitude: mais l'homme (a-
ctendu qu'il n'est qu'homme) ne s'adō-
nant qu'a contemplation aura besoing
& disette de santé & nutrymēs: car nostre nature n'est pas suffisāte à cōtēpler
seulemēt, mais conuient auoir le corps
sain, alymēs, & le reste seruant à la vie.
Doncques (pour paruenir à la plus heureuse vie) il nous fault chercher le plus
doulx & paisible labeur, & le plus petit
estat & moyē de viure à l'exemple des
philosophes, ausquelz sur tout la sobre
& sincere vie a pleu & agrée en la cō-
templation & cognoissance des choses,
laquelle vie (par ce qu'elle ensuyt la diuine) leur a semblé (comme elle est à la
verité) tresbonne & toute plaine de fœlicité.   Or affin que nous concluens
ceste ample & longue disputte de fœlicité, il nous fault recourir à la difini-
tion d'icelle.

Fœlicité doncques (comme au com-
mancement cy dessus est dit) est le cō-
ble &

ble & plenitude de toutes choses que
l'on pourroit desirer, lequel comble &
plenitude se parfaict de troys sortes &
manieres de biens, des biens de l'ame,
des biens du corps, & des biens de fortune. Tous lesquelz biés acumulez ensemble font la parfaite & vraye fœlicité
mais à ce que cecy soit plus clairement
& plainemét compris & entédu, il fault
sçauoir que c'est que de l'homme & de
quoy il est fait & crée.

L'homme n'est pas vn corps tout seul,
ny vne ame toute seule, mais est fait &
amassé de l'ame & du corps tous deux
ensemblemét. Parquoy le tresgrád bien
& fœlicité de l'homme(dont il deuient
heureux)côsiste es biens de l'ame & du
corps tellement que ceulx qui ont dit
que le plus grand bien que l'on puisse
auoir c'est la vertu, se sont eschappez &
coullez en ce qu'ilz ont seulement regardé à l'ame , & ont mys le corps en
oubly, ceulx aussi qui ont estimé la fœlicité consister en la volupté & biés du
corps, ont delaissé l'ame comme irrepa
rée & côme seruante, combien que cest
la dame & la principalle.

F iiii   Mais

Mais ceulx qui ont constitué la fœlicité es biés de lame, du corps, & de fortune, ōt regardé à la verité de plus pres,
& est leur opinion tresbōne & tres ve-
ritable:car ces troys font l'homme heureux: Or les biens de lame ce font les
vertuz trop plus defirables & honnora-
bles que les biens du corps & de fortune : car lame (dit Aristote au septiesme
des politiques) est trop plus precieuse
ne que le corps ne que les richesses,
cest pourquoy tous biés exterieurs font
actenduz & desirez pour l'amour & fa-
ueur de lame, & non pas lame pour l'a-
mour d'eulx.   Entre les biés de lame,
prudence tient le premier lieu, & est
Royne & princesse(dit Platō)de toutes
les vertuz : car elle s'entremect d'auantaige les autres (dit Aristote au sixies-
me des etiques)& s'aplicque entour les
choses humaines. A ceste cause Anaxagoras & Tales ont bruict d'auoir esté
saiges, mais nō pas prudēs, par ce qu'ilz
auoient laissé perdre & perir leur propre bien & patrimoine temporel, dont
ilz n'auroient tenir compte, ains feu.e-
ment du bien spirituel.   Il ya plusieurs
autres

Lame tresprecieu-
se.

Prudence Royne
des vertuz & pour
quoy.

Saiges non prudés

autres vertuz & biens de lame, comme
iuſtice Plus clere & reluyſante que les
eſtoilles . Force qui eſt la propre vertu
de l'homme, Temperance qui refrainct
noz ſenſualitez & concupiſcences , &
autres vertuz de tous aſſez cogneues &
par nous ailleurs plus amplemēt declai
rées & expliquées, oultre leſquelles
ſont nombrées pareillemēt les bonnes
doctrines & vertueulx enſeignemens
qui rendent lame diuine & cæleſtielle.

    Bonnes doctrines au nōbre des vertuz.

   Les biens du corps ſont ſanté, diſpo-
ſition de membres, force, beaulté. Sans
leſquelz lavraye fœlicité ne peult eſtre,
qui eſt pour euidemment monſtrer que
les richeſſes ne font pas la fœlicité : car
elles ne peuuent donner non pas ſeulement preſter ſanté , ce que Horace par
ces louables vers teſmoigne ainſi.

    Biens du corps.

   Le grand amas d'or & d'argent,
Bien, poſſeſſion, & richeſſe:
N'ont ſçeu guerir le mal vrgent
De monſeigneur, ne ſa triſteſſe.
Qui veult doncq en heur & lyeſſe
Ioyr du ſien durant ſa vie,
Il n'a rien ſ'il n'a la déeſſe,
Santé es cueurs de tous rauye.

    Horace.

                   La ver-

La vertu mesmes sans la santé du corps
ne peult pas assez faire son deuoir, ne
vser de son office: car l'ame est souste-
nue de la nourriture du corps qui est le
vaisseau organe& cõduict de l'ame, aus
si(dit Salomõ)il n'ya riches sur le thre
sor de santé, tellement que ce n'est rien
que de viure: mais c'est tout qu'estre
sain durãt sa vie. Platon en sa gorgie
faict métion d'une chanson delaquelle
les chãstres & menestriers vsoiét iadis
es festins & bancquetz qui estoit telle.

Q Voy que richesses biẽ acquises
Et estre remply de beaulté,
Soient deux choses tresfort re-
quises,
Il n'est thresor que de santé.

Ces

Ces biens du corps cy deſſus recitez &
deſquelz Cicero, & Auguſtin Aurelien,
ont amplemét eſcript, ſont appellez par
Varro: primogeniture. Aucuns meſmes
les Academiens & Peripateticiens philoſophes les appellent premiers de nature, entre leſquelz ilz nombrent, force,
ſanté, exemptiõ de douleur, & integri-
té de mébres, les ſemblables deſquelz
ſont auſſi en lame. Ilz y mettent d'auã-
taige beaulté, ſans laquelle ne peult e-
ſtre la fœlicité conſommée & parfaite,
& n'eſt pas l'homme difforme aſſez digne ny capable de la fœlicité: car beaul
té eſt don de dieu, les glorieulx dõs duquel (dit Homere) ne doiuét eſtre en rié
meſpriſez ne contempnez.　Or pour
garder ceſte ſanté du corps cõme choſe treſprecieuſe, infinies medecines ont
eſté inuentées & cherchées iuſques es
Indes & en la mer rouge, affin de les fai
re meilleures & plus vertueuſes, leſquel
les (pour eſtre de tous aſſez cogneues)
maintenant nous taiſons, combien que
Pline parlant de la medecine ſeule (dit
il) de tous les artz a puiſſance & com-
mandemét ſur les Empereurs & Roys
& n'ya

& n'ya art au monde plus fructueux &
prouffitable que la medecine. Toutes
foys ie sçay les quotidianes exercitati-
ons plus prouffiter à la santé ne que les
medecins ne que la medecine: car l'hõ
me(dit Quintilian) entretiét sa santé &
s'enfforce en icelle par exercitatiõ,sans
laquelle il est impossible (dit Galien)e-
stre longuement sain:mais au cõtraire
(dit Auicenne) il n'ya chose pour con-
seruer nostre santé qui puisse ne prouf-
fite tant que l'exercitation , delaquelle
ya plusieurs sortes & manieres. Galié
sur toutes exercitatiõs prise & loue celle de la paulme, cheminer & courir(dit
Cornelie celse)est aussi tresbõne.Pareil
lement la lecture à haulte voix clere &
entendible,delaquelle nous vsons tous
les iours en leçons publiques, exerceãt
nostre voix pour l'exempter d'estre cas-
sée & enrouée. Platõ & Aristote esti-
ment grandemét l'exercitation gisma-
tique par laquelle (disent ilz) la force
s'augmé:e & la santé se garde sans s'of-
fencer ny empirer. En ceste gimuastique & en la pedotrinique doiuent les
enffans(dit Aristote)estre exercez & a-

pris

pris : mais pour declairer en cest en-
droict que cest que pedotrinique , c'est
l'exercitation appertenant au maistre
& seigneur pedotrine, lequel pedotrine
(dit Platō en son liure de philosophie)
est le maistre de l'exercitatiō, & est son
estat (dit le mesmes Platō en sa gorgie)
& office de rendre & faire les corps de
ses disciples agilles, adroictz, promptz,
venustes, & fortz. Ce Platō mesmes tellemét loue la gimuastique qu'il admo-
neste, en son cinquiesme de la republique , les femmes y deuoir estre ensei-
gnées. Soubz ces noms & motz gimuastique & pedotrinique, selon Platon en
son septiesme des loix , sont comprises
toutes exercitatiōs belliques de lescri-
me de toutes sortes de glaiues & ba-
stōs, & du sault & de la lutte.　Les anciens appelloiét vne maniere d'exercitation en langue grecque peutathlon,
en la latine quinquertic, dōt les Athletes, cest à sçauoir ceulx qui s'y exerçoiét
les combatans estoient nommez quin-
quertiens, laquelle cōsistoit en ces cinq
au gect de la pierre, à la course, à la lutte, au sault & à lancer le dard , & celuy
qui

qui en tous ces combatz gimuaſtiques demouroit vainqueur, eſtoit nommé paucratiaſte, de ce mot Paucratie qui ſignifie combat de diuerſes ſortes, en laquelle Paucratie les combatās(dit Properce) eſtoient aucuneſſoys durement bleſſez & naurez. De la Paucratie le iuriſcōſulte(en la loy equilée)a fait mētiō par ces motz. Si l'un (dit il)tue l'autre à la lutte, au cōbat, ou paucratie, tādys qu'ilz ſ'y exercēt enſemblemēt &c. Sur lequel paſſaige Acurſe veillāt a ſongé de pures follies & vraies reſueries. Plus copieuſement nous auons eſcript de la paucratie en noz cōmentaires ſur Properce. Affin doncq de preſeruer les biens du corps & meſmes la ſanté, vſons d'exercitation, laquelle(dit Cornelie)doit eſtre la premiere cure & ſollicitude du corps, & qui doit touſiours eſtre faite auant le repas: mais plus longuement la doit faire celuy de difficille eſtomac & mauluaiſe digeſtion, que celuy qui mieulx & plus aiſéemēt digere.

Sobrieté & abſtinance, pareillement nourriſſent la ſanté & la font durer lōguement: car les ſimples & petites viādes

des sont tresvtilles à l'homme. Au con
traire tāt de diuersité de nourriture, de
saulses & saueurs, est tresdangereux &
dōmaigeable, ce que tesmoigne Hipocras en son liure des ventositez ou en-
fleures, ou il appelle diette, mauuaise &
pernicieuse la nourriture qui est faite
de plusieurs & diuerses sortes d'alymēs
& viādes, l'impetuosité & tumulte des-
quelles, par ce qu'elles sont contraires
les vnes aux autres, meslées ensemble
sont la vraie source & origine des maladies, de ceste opiniō est Horace disāt.

S Cez tu qui l'estomac corrompt,
Scez tu qui la colere crée,
Scez tu qui nostre santé rompt,
Scez tu qui les flegmes procrée,
Diuersité qui ſ nous agrée

De

De viandes, dans l'eſtomac,
L'une ſur l'autre maſſacrée,
Nous rend ainſi eſchec & mac.

A ſcauoir ſi les biens de fortune
ſont l'homme heureux.

Biens de fortune.

Pline de fortune.

LEs biens exterieurs cõme richeſſes & hõneurs, qu'on eſtime parfaire la vie tresheureuſe, ſont en la
main & puiſſance de fortune, laquelle par tout le mõde, dit Pline, à tou
tes heures & par la voix de tous ſeulle
eſt inuoquée, ſeulle eſt nommée, ſeulle
eſt blaſmée, ſeulle eſt louée, ſeulle eſt a-
cuſée de coulpe & faulte, ſeule eſt péſée
& cogitée, ſeulle eſt eſtimée, ſeulle eſt
arguée, honorée & adorée auec iniures
& meſ-

& mefdictz, plufieurs croient qu'elle eft
aueugle, roullante, vagabonde, incon-
ftante, incertaine, variable, & nourriffe
d'infamie & deshonnefteté, brief felon
l'opiniõ quafi de tous les mortelz, la per
te vient d'elle, le gaing vient d'elle, &
eft feulle qui fait l'une & l'autre paige,
c'eft à dire, elle feulle engẽdre & l'heur
& malheur & le bien & le mal. Elle eft
pour cefte caufe de tout le mõde priée
& adorée diuerfement & en plufieurs
fortes de noms, comme vne déeffe &
cõme fi fans fon vouloir & plaifir l'hõme ne peuft profperer. Les vns l'appel-
lẽt Rhamnufie, les autres Nemefis, les
vns Nortie, les autres Sort, & toute la
grece l'apelle Tyche. De fortune nous
appellons les biẽ heureux fortunez cõme nourriz & filz de fortune, a laquelle
les anciens Romains atribuerent tant
d'honneur qu'ilz la veneroient & ado-
roient en fix cens temples, & en autãt
de fortes de furnoms mefmes à romme
(dit Plutarque en fes problemes & liure de la fortune des Romains) elle e-
ftoit adorée par ces furnoms. Preuuer-
née, glueufe, petite, forte, mafle, con-
G   uertif-

L'une & l'autre
paige.

Noms de fortune.

Six cens temples
& autant de fur-
noms de fortune.

uertiſſant, bien eſperant, vierge, barbue.
Pour ceſte cauſe Theophraſte dit en
ſon caliſtene que noſtre vie eſt gouuer-
née non pas par ſapience, mais par fortune, laquelle ſurmonte & confond, dit
Plaute, le conſeil & entrepriſe d   nt
hommes ſaiges & fortz: car quic que
à la fortune en main, eſt de tous reputé
ſaige & vertueux.   Qui eſt celuy, dit
Cicero, qui ignore la force & puiſſance
de fortune eſtre eſtendue par tout en
l'une & l'autre part: car tãdis que nous
auõs le vent de fortune à gré, nous par-
uenons à noz fins & atentes deſirées:
Mais ſ'il nous eſt contraire, il ne nous
ſuruient qu'affliction & le rebours de
noſtre penſée, non ſans cauſe dõcq, dit
Lactance au tiers des inſtitutions diui-
nes, on a fait & formé vn ſimulacre &
ſemblence à fortune tenant vne copie
(qui eſt habondance de toutes choſes)
en vne main, en l'autre vn gouuernail,
par cela voulãt ſignifier qu'elle diſtri-
bue & eſlargit tous biens & richeſſes,
& qu'elle a le gouuernement & admi-
niſtration des choſes humaines, aquoy
ſ'accorde Virgille qui appelle fortune
tout

Thophraſte.

Plaute.

Cicero.

Simulacres de for
tune.

tout puissante, laquelle(dit Salusse) domine en toute chose, & qui peult (dit
Horace) retirer l'homme du prochain
pas de la mort, muer aussi & conuertir
en vn moment les superbes triumphez
& mõdanitez arrogátes en legiere poul
dre & vains obseques funeraulx : car
fortune seulle(dit Ouide)donne & oste
à qui,quand,& ce qui luy plaist.   Puis
doncq qu'il ya troys géres de biens, de
l'ame,du corps, & de fortune (cy dessus
declairez) il conuient (dit Aristote au
septiesme des politiques) qu'ilz soient
tous ensemblement en l'homme auant
qu'il puisse estre heureux : car fœlicité
est la vie bien heureuse se parfait & assemble par le comble & plenitude de
ces biens,lesquelz(d'autant que l'hõme
en est plain)d'autant le rédent heureux
& en ceste sorte sa vie sera heureuse,de
heureuse deuiendra plus heureuse & de
plus heureuse tresheureuse selon l'opinion des Academiẽs : mais ces poinctz
& degrez de,plus,& tres,sont exclus &
ostez par les Stoiciens qui maintiennẽt
que sur l'heureux il n'y en a point de
plus heureux, ne sur le iuste ne de plus

Fortune toute puis
sante.

Ouide.

Pl⁹ & tres ne sont
admys par les Sto
iciens.

G ii   iuste

iuste & ainſi des autres.　Mais ſans
aucune difficulté, les biẽs de l'ame doiuent eſtre cherchez & preferez deuant
tous, en aprouuãt la iuſte liure de Cri-
tolaus, lequel aiant mys en l'une des
balances les biens de l'ame, en l'autre
les biens du corps , trouua les biens de
l'ame de ſi grãd poix qu'au prys d'eulx
Tous les autres biens ny du corps ny
de fortune ny toute la terre ny toutes
les mers n'eſtoient que vent & vanité.

Il reſte maintenant que nous cher-
chons par exemples ſi iamais tous ces
biens furent acumulez & aſſemblez en
vn homme ſeul, affin qu'a bon droict il
ait merité d'eſtre tenu & reputé heureux, & pour y entrer nous commãce-
rons à Lucilie metelle.　Lucilie metelle fut pontiffe , dictateur & chef des
cheualiers, deuant lequel en la premiere guerre punique marcherent les ele-
phans en triumphe, il cõſomma & par-
feit dix choſes treſgrãdes & tresbõnes:
car il fut treſvaillant preliateur, tresbõ
orateur, treſpuiſſant Empereur & chef,
treſgrand ſenateur , il vint à heureuſe
fin & honneur de ſes difficilles & ardues

La liure de Crito-
laus.

Exemples inſignes
des heureux.

L'heur de Metelle

dues entreprifes par fon aduis & feul
confeil, il fut treffaige, tout plain d'hō-
neur, il acquit grandes richeffes par bō
& louable moyen, & fut cogneu dedās
Rome treshomme de bien & de vertu:
mais combiē que toutes ces chofes furent en luy (ce qui n'a efté en homme
depuys Rome conftruicte) il ne doit e-
ftre eftimé heureux: car en la fin il paf-
fa fa vieilleffe eftant aueuglé & priué
de la veue qu'il perdit par flamme &
embrafement de feu, en rauiffant le pa-
ladium (qui eft l'effigie de Pallas) hors
du temple de la déeffe Vefta.　Entre
ces rares exemples de la fœlicité humai
ne, eft nombré vn autre & fecond Metelle nepueu du premier, lequel fecond
Metelle oultre les trefgranseftatz & hō
neurs ou il fut conftitué triumpha des
Macedoniens dont il acquit le furnom
de Macedonien, auec ce il euft quatre
enffans treshonorables: car les troys fu
rent confulz, l'autre preteur & fenfeur
& dont les deux auoient triumphé de
leurs ennemys, & apres fa mort il fut
triumphamment porté par fes enffans
au lieu ou fon corps deuoit eftie par

L'infortune de Me
telle.

La fœlicité du fe-
cond Metelle.

G iij　　feu

feu confommé, comme lors telle eftoit la couftume, & au parauant auoit efté fi heureux & fortuné que chacun, dit Cicero, fouhaitoit auoir fa fortune & heur, mais bien que ces chofes foiēt peu aduenues en vne perfonne feulle, il ne peult touteffoys iuftemēt & à bon droit eftre reputé heureux : car il veit deuant fes yeulx perir toute fa fœlicité par l'ēuye & haine de fon ennemy Citinien, Labeō tribun du peuple, duquel Labeō Metellus en la fleur de fa dignité fut rauy violentement iufques fur le rocher tarperien pour l'en precipiter & gecter du hault en bas & aiant defia la gorge toute entorfe & contrefaite & le fang meurtry luy fortant par la bouche par l'effort & violance de fon ennemy & tout preft à gecter, il fut retiré de ce prochain pas de mort par l'interceffion & priere de l'autre tribun, & depuys il cōfomma le refte de fes iours des bienffaitz & liberalité d'autruy.   En ce digne reng de fœlicité (par le iugemēt de tous) eft colloqué l'Empereur Cefar (pour fon grand heur) furnommé Augufte c'eft à dire heureux, lequel fouhaitoit

La calamité du fecond Metelle.

A fcauoir fi Augufte cefar eft heureux.

haitoit son nepueu Gaius(lors qui l'en-
uoioit en armenie) estre aussi auda-
cieulx qu'Alexandre le grand, aussi bié
voulu que Pompée , & aussi heureux &
fortuné que luy mesme: mais si tout est
bien diligemment cōsideré, non moins
d'infortunes se trouuera en luy que de
fœlicité , entre lesquelz sont nombrez
ses naufraiges & pertes en Sicile, ses
ruynes de Ponte , tant de sedicions &
mutinemens de ses cheualiers encon-
tre luy, la cōtraincte d'estre caché troys
iours en vne mare estant malade durāt
la guerre Philipése, son deiect & rebut
de la maistrise des cheualiers vers son
oncle Cesar, tant de maladies dont il
estoit persecuté ordinairement, mesme-
mēt de l'enfleure de ses costez , & oultre ce les adulteres tāt cogneuz & vul-
gaires de sa fille & de sa niepce & autres non petitz infortunes & en grand
nombre, dōt s'ensuit qui ne doit pourtant estre dit malheureux , mais aussi il
ne doit estre estimé heureux. CRE-
SVS Roy des Lydiés veult entrer semblablement en ceste reputation de fœ-
licité:car pour l'infinité de ses thresors

Infortune d'Augu-
ste.

Exemple de Cre-
sus & Solon.

G iiii &

& exuberance en tous biens de fortune, il penſoit ſur tous les humains eſtre
tresheureux, & quelque foys eſtant vers
luy paruenu Solon l'Athenien l'un des
ſept ſaiges de Grece & en la maiſon
royalle benignemēt receu, fut du com-
mandement du Roy Creſus conduict
par ſes ſeruiteurs en ſes threſors pour
les cōtempler & ſes richeſſes auec toutes ces choſes que les mortelz ont en
admiration, comme ſi c'eſtoit le vray
heur & parfait bien de ce mōde, en ces
entrefaites Creſus ſ'eſtimant eſtre tout
plain de beatitude, ſ'enqueroit de Solō
qui eſtoit celuy qu'il auoit veu eſtre
tresheureux: alors Solon philoſophe du
tout ſequeſtré & ſeparé de flaterie &
diſſimulation luy reſpondit que le plus
heureux qu'il veit iamais, c'eſtoit Tellus l'Athenië: car ſa demeure eſtoit en
pays bien regy & policé, ſes enffans e-
ſtoient honeſtes & bons, auſquelz pareille lignée ſeroit aduenue, leſquelz il
auroit tous veuz enſemblement plains
d'honneur & preudhommie, puys aiant
bien & vertueuſement acheué le cours
de c'eſte vie ainſi qu'il nous eſt prefix,
ſon

Tell' athenië tres
heureux.

son trespas auroit esté tresbeau & tres_
honorable : car il seroit mort au lict
d'honneur en la bataille combatant
vaillamment son ennemy, & iceluy ia
mys en fuyte & au lieu mesmes de son
louable trespas les Atheniés triumphã-
ment l'inhumerent en tous honneurs
& magnificences funebres. Cresus
encores vne foys interroga Solon du se
cond en fœlicité de sa cognoissance a-
pres Tellus croyant sans doubte qu'il
luy atribueroit les secondes parties de
beatitude, lors Solon i'ay cogneu(dit il)
Cleobe & Bithon argiés auoir esté tres
heureux: car (oultre les biens dont ilz
auoient à suffisance & contentement)
ilz estoient fortz, sains, & robustes de
corps, tellement qu'en tous combatz la
victoire tousiours leur demouroit, d'a-
uantaige pour la bonté & pieté d'eulx
exercée enuers leur mere ilz auroient
acquis los & renom perpetuel : car la
feste escheue que les argiés sacrifficiét
à Iuno il conuint conduire en vn chariot leur mere comme la principalle &
dame du sacrifice, depuys le villaige
iusques au lieu solempnel statué pour
le sacre

le sacré diſtant de cinquante cinq ſta-
des ou enuiron. Et ſurceant le ſacrifice
pour le trop long ſeiour des iumétz &
cheuaulx, au lieu d'eux, ces deux ado-
leſcens Cleobe & Bithon ſe ſoubzmet-
tans au ioug (comme beufz) trainerent
le chariot, & en ceſte ſorte au delubre
de Iuno (qui eſtoit le lieu ou repoſoit
ſon effigie) leur mere fut par eulx ame-
née, laquelle ſupplia lors la deeſſe Iuno
devouloir donner à ſes filz le plus grãd
& parfaiᴄt bien que dieu ſcauroit donner à l'hõme. A ceſte priere peu apres
finée, Cleobe & Bithon au lieu meſmes
du ſacrifice ou ilz auoient auec leur me
re pris leur refeᴄtion, ſ'endormirent, &
iamais depuis n'en reſueillerent, mais
repoſans en ce delubre, furent trouuez
mortz le matin, & les ſtatues & effigies
d'iceulx (comme de deux perſonaiges
tresheureux) furent magnifiquemét mi-
ſes & eſleuées en Delphos pour les Ar-
giens. A ces deux Solon dõna le ſecõd
reng & degré de felicité & beatitude.
Dequoy Creſus indigné & deſpit, dit.
O hoſte Athenien, eſt noſtre fœlicité ſi
peu par toy deſpriſée, ſi vilipẽdée & mi
ſe au

La mort de Cleo-
be & Bithon.

ſe au bas, que tu ne nous daignes acom
parer aux hommes priuez & de ſimple
& baſſe cōdition: lors Solon luy remō-
ſtra vertueuſement que homme (quel
qui ſoit) ne doit eſtre appellé n'eſtimé
heureux auant ſa mort & treſpas, luy aſ-
ſeurant que tout hōme viuant eſt cala-
miteux & ſubiect à neceſſitez : car vn
iour de noſtre vie n'eſt iamais ſembla-
ble à l'autre, & les choſes qu'ilz appor-
tent ſont touſiours differentes de ſorte
que nous ſommes contrainctz (contre
noſtre vouloir) veoir & endurer iour-
nellement ce qui nous ennuye & deſ-
plaiſt, & neātmoins le fault ſouffrir deuant noz yeulx.   C'eſte ſentence & o-
pinion de Solon fut cogneue & aprou-
uée tres vraye & treſcertaine par la fin
de Creſus meſmes, lequel (peu apres) a-
iant eſté ſpolié & deſmys de ſon royaul
me & pris captif par le Roy Cirus, fut
mys piedz & poings lyez ſur vne haulte pyre (pyre c'eſtoit vn grād monceau
de boys hault eſleué) pour illec eſtre
bruſlé tout vif & conſommé en cēdre.
En c'eſte tāt griefue anxieté & danger
ſi perilleux luy vint à ſouuenir de Solō

qui

Les iours ſont diſ
ſemblables.

Creſus ſpolié de
ſon royaulme. & Y
ris captif par Cir⁹.

qui autreffoys luy auoit dit perfonne
n'eftre heureux auant fon trefpas, & a-
donc ingemiffant & pleurant nomma
à haulte, voix & tant qu'il peuft par
troys foys appella Solon, dont Cyrus ef-
merueillé enuoya gēs vers Crefus pour
enquerir quel des dieux ou des hōmes
eftoit ce Solon qu'en peril fi eminent
feul il imploroit & inuoquoit: lors Crefus rien ne diffimulant recita tout ce
qu'il auoit oy de Solon (mentionné cy
deffus) ce que raconte à Cyrus (comme
plus faige Roy que Crefus) & voyāt l'o
racle de Solon par ce prefent exemple
eftre vray, non feulement deliura Crefus: mais l'euft & entretint tout le refte
de fa vie auec luy en grand honneur &
finguliere recommandation, & par cela
Solon d'une feule & mefme remonftrā
ce & oraifon faulua la vie d'un de ces
Roys, & l'autre il rendit plus prudent
& aduifé. Auteurs de cecy font Herodote, Plutarque, Cicero, & autres. A cefte opinion de Solon adhere Ouide difant:

Il ne

Il ne fault iuger de l'heur
Ou malheur
De l'homme, auant son trespas,
Grand fol est qui en cest estre
S'estime estre
Heureux, ou ne l'estre pas.

Aristote toutesfoys à ceste opinion
de Solon semble resister & contrarier
disant au premier des etiques: que les
viuans sont bien heureux actendu que
fœlicité est operation.   Mais si nous
voulons bien & veritablement iuger
repudiant toute ambition de fortune,
certainement nul des mortelz n'est ne
doit estre reputé heureux auāt sa mort,
car combien que fortune octroie & dō-
ne à l'homme si habondamment qu'il
puisse estre estimé heureux, il n'ya que
ce danger & craincte qu'elle n'escoulle
& tourne sa roe, laquelle craincte receue, la fœlicité nepeult estre ferme &
entiere, d'auātaige (dit Euripides) il n'y
a mortel qui ne soit subiect à douleur
& maladie, voire qui n'en soit actaint
& persecuté, & encores (dit Pline) les
Empereurs & Roys mesmes sont tour-
mentez par leurs empires & regnes, &
les

les plus grans seigneurs & riches par leurs mesmes biens & richesses, doncques & quelque bien que l'homme ait il ne doit estre iugé heureux auant sa mort : car il n'ya iour qui ne iuge de l'autre & le dernier iuge de tous, d'a. uantaige tous les biens & dons de nature sont incertains, fragilles, & caduques, & fault aussi cōsiderer que la moi ⁀tié de nostre vie(que nous passons au dormir)n'est autre chose que la propre semblance & effigie de mort. Qu'esse pareillemēt des ans de nostre enfance, sinon ignorāce : qu'esse aussi de nostre vieillesse sinon peine & lāgueur: mais adioustez encores d'auantaige à c'este vie tant de pauuretez, tāt de necessitez, tant de dangers, tant de maladies, tant de foys la mort inuoquée, & si souuent appellée, qu'il n'ya veu plus frequent ny souhaict plus souuent fait : parquoy nature n'a dōné aux hommes chose meilleure que la briefueté de la vie : car par vieillesse noz sens deuiennēt hebetez, noz membres tourmētez, nous en perdons la veue, l'oye, le marcher, & les dentz instrumens substantiaulx de nature,

<hr>

Le dernier iour iu ge de tous.

Miseres de nostre vie.

Breue vie dō meil leur de nature.

...re, & neantmoins toutes ces necessitez naturelles si semblables à la mort
nous sont cõptées pour vie, doncq (pour
miracle & merueille) Xenophile musi-
cien seul est trouué auoir vescu cent & Xenophile vesquit cét cinq ans tous-iours sain.
cinq ans sans aucun inconuenient, in-
firmité ne maladie de son corps.

Or (& puys que personne ne peult e-
stre heureux durant sa vie) mon opinion est de supplier dieu seul tout puissãt
tellement par sa grace nous y conduire
& guyder que (apres le trespas) à bon
droict & iuste cause ne puissions estre
tenuz & reputez malheureux misera-
bles.

Fin.

Difinition de fœlicité selon l'o-
pinion de l'auteur traduict.

Qui a des biens à suffisance
Auec preudhommye & santé,
Il est sans aucune doubtance,
Tout plain d'heur & fœlicité.

Suffire ou rien.

Patere aut abstine.
Nul ne s'y frotte.